GABRIEL COMPAYRÉ

Membre de l'Institut,
Inspecteur général de l'Instruction publique.

JULES GAUFRÈS

SA VIE ET SON ŒUVRE

PARIS

LIBRAIRIE HACHETTE ET Cie

79, BOULEVARD SAINT-GERMAIN, 79

3 fr. 50

JULES GAUFRÈS

SA VIE ET SON ŒUVRE

DU MÊME AUTEUR

A LA MÊME LIBRAIRIE :

Histoire critique des doctrines de l'Éducation en France depuis le XVIᵉ siècle. 7ᵉ édition, 2 vol. in-16, brochés. . . . . 7 fr. »

Ouvrage couronné par l'Académie Française et par l'Académie des Sciences Morales et Politiques.

Études sur l'Enseignement et sur l'éducation. 2ᵉ édit., 1 vol. in-16, broché. . . . . 3 fr. 50

L'évolution intellectuelle et morale de l'Enfant. 4ᵉ édition, 1 vol. in-8, broché . . . . . . 5 fr. »

Ouvrage couronné par l'Académie Française.

A LA LIBRAIRIE ALCAN :

L'Adolescence, Étude de psychologie et de pédagogie. 1 vol. in-12. . . . . 2 fr. 50

A LA LIBRAIRIE P. DELAPLANE :

L'éducation intellectuelle et morale. 1 vol. in-16. 4 fr. »

JULES GAUFRÈS

GABRIEL COMPAYRÉ

Membre de l'Institut,
Inspecteur général de l'Instruction publique.

JULES GAUFRÈS

SA VIE ET SON ŒUVRE

PARIS

LIBRAIRIE HACHETTE ET Cie

79, BOULEVARD SAINT-GERMAIN, 79

AVANT-PROPOS

I

En nous proposant de raconter la vie de Gaufrès et d'analyser son œuvre, nous avons voulu d'abord faire revivre une noble et forte personnalité, qui mérite de ne pas disparaître de la mémoire des hommes. Il est bon qu'un caractère de cette trempe, digne toujours d'estime et parfois d'admiration, ne soit pas oublié, ni méconnu. Si au milieu d'une société affairée et fiévreuse, que sollicitent mille distractions, et que troublent des événements si divers, Gaufrès est passé un peu trop inaperçu, dans la modestie et la simplicité de son existence laborieuse, il n'en a pas moins été un penseur grave, d'une inspiration élevée, et en même temps un citoyen actif et utile à son pays. Il a joué à son heure, de plusieurs façons, un rôle important. Parmi les voix bruyantes et discordantes des passions humaines, sa voix discrète, la voix d'un sage, s'est perdue dans le tumulte. Mais tous ceux qui ont prêté l'oreille, en ont goûté l'accent sincère et pénétrant. Ils regrettent de ne plus l'entendre, et peut-être auront-ils quelque plaisir à en retrouver ici l'écho, affaibli mais fidèle. D'autres ont écrit le *Roman d'un brave homme* : il nous a semblé qu'il pouvait y avoir aussi quelque intérêt à écrire l'histoire, la vie réelle d'un brave homme.

II

Nous avons suivi Gaufrès, pas à pas, dans les étapes successives de sa carrière, et à mesure que nous avancions dans notre étude, nous sentions croître et grandir nos sympathies et notre respect pour lui. Une pensée maîtresse l'a dominé, et elle a inspiré tous ses actes : celle de travailler au relèvement moral de ses concitoyens, et de leur apprendre toutes les vertus humaines, en commençant par leur en donner lui-même l'exemple. Quelque divers qu'aient été les emplois de son activité, partout nous retrouverons le même geste, le même effort d'éducation ou de prédication morale. « Pour résoudre le problème de la régénération sociale, disait-il, il s'agit pour nous d'accomplir une œuvre presque surnaturelle, en élevant des fils qui ne ressemblent pas à leurs pères. »

Mais quelque appréhension que lui causât la difficulté d'une tâche dont ses yeux clairvoyants mesuraient toute l'ampleur, il s'y employait résolument, craignant peut-être de ne pouvoir atteindre son but, mais ne renonçant jamais à le poursuivre, soit à l'institution Duplessis-Mornay, quand il s'occupait d'instruire les fils de la bourgeoisie, soit à l'Orphelinat de la Seine, quand il prenait soin d'élever les enfants du peuple.

III

C'était toujours la même image idéale qui hantait son esprit et qui excitait son zèle : l'image d'une France plus morale, plus vertueuse, et partant d'une France plus heureuse et plus puissante. Et lorsque descendu de sa chaire de professeur, ou sorti de son cabinet de directeur d'études, il ne pouvait plus s'adresser directement par ses leçons à la jeunesse et aux générations nouvelles, pour leur enseigner le devoir, c'est encore le même apostolat moral qu'il continuait par la voie de la presse, dans ses articles de journaux, auprès des hommes mûrs, en leur découvrant les plaies sociales, en jetant des cris d'alarme, et en s'efforçant d'enrôler les honnêtes gens dans une croisade vigoureuse contre les diverses formes de l'immoralité.

La vie de Gaufrès offre donc dans son ensemble une remarquable unité : mais le détail en est des plus variés. Nous avons fait effort dans ce livre pour que rien n'y fût omis de ce qui était nécessaire pour faire connaître à fond le caractère de l'homme et apprécier son mérite.

IV

Nous avons voulu avant tout présenter à tous ceux qui ont aimé Gaufrès un portrait ressemblant de leur ami, où ils retrouvent les principaux traits de sa physionomie morale, un tableau de son œuvre, aussi exact, aussi complet que possible. Mais pour ceux qui ne l'ont pas connu, nous nous sommes attaché aussi à recueilllir dans ses écrits de tout genre les idées essentielles qui ont constitué le fond de son âme pensante. Nous lui donnons souvent la parole, afin que tout ne soit pas perdu de ce qu'il a conçu et énoncé, comme moraliste ou comme pédagogue, de ce qu'il a semé au vent et dispersé dans d'innombrables articles de presse. Nos lecteurs pourront ainsi profiter de la sagesse de ses jugements, s'éclairer à la lumière de son riche savoir, et réchauffer leur cœur au feu de ses sentiments et de son ardente passion pour le bien.

Est-il téméraire, d'ailleurs, de penser que l'intérêt de cette étude dépasse un peu les limites d'une simple biographie? Gaufrès a été le témoin attentif, le critique avisé de ce qui se passait autour de lui. Homme d'étude, homme d'intérieur, les circonstances l'ont cependant mêlé maintes fois aux événements du jour. En l'étudiant, on étudie le temps où il a vécu, et quelque attristant qu'en soit souvent le spectacle, on découvre avec lui les maux de la société présente, les vices et les défaillances morales dont il s'est fait l'âpre et courageux censeur.

Enfin, s'il a contribué par quelques-uns de

ses écrits à mettre en pleine lumière certaines périodes de l'histoire de l'éducation, il est permis de dire qu'il s'est fait à lui-même une place notable dans cette histoire, soit en exposant les principes, soit en pratiquant les méthodes d'une saine pédagogie.

Gaufrès n'a pas recherché la popularité, ni la gloire. Il ne s'est point soucié de plaire à ses contemporains, en les flattant, en dissimulant leurs défauts. Au risque de se compromettre, il a toujours et en tout lieu dit la vérité telle qu'il la concevait. Un seul homme ramené au devoir par ses avis et par son exemple, c'était pour lui une satisfaction, une victoire autrement précieuse que ne l'auraient été les applaudissements du public. Dans la lutte qu'il a engagée pour remonter les courants mauvais et pour restaurer les mœurs, il n'a fait appel qu'à l'opinion. Excitateur de la conscience, comme son ami Félix Pécaut, c'est dans la conscience, en y associant toutefois les croyances religieuses, qu'il a cherché un point d'appui.

Souhaitons qu'il ait beaucoup d'imitateurs : ce sera la meilleure récompense qu'il eût désirée comme prix de ses efforts, et le plus bel hommage qu'on puisse rendre à sa mémoire ! Souhaitons qu'il se rencontre beaucoup d'hommes

qui, avec la même conviction et la même autorité, dressent contre le mal leur force de résistance, et dont on puisse dire, comme de Gaufrès,
qu'ils ont été, parmi leurs concitoyens, comme
des ferments de moralité !

JULES GAUFRÈS

SA VIE ET SON ŒUVRE

CHAPITRE PREMIER

LES ANNÉES D'ENFANCE ET D'ADOLESCENCE

(1827-1852)

Gaufrès est né dans un milieu protestant. — Premières impressions du pays natal. — Education domestique. — Leçons et exemples de religion. — Gaufrès au collège de Nîmes (1839-1846). — Similitudes de l'éducation de Gaufrès et de celle de Pécaut. — Etudes théologiques à Montauban (1846-1850). — Thèse de baccalauréat *sur l'Ebionitisme*. — Esprit de liberté déjà manifeste. — Hésitations et tâtonnements pour le choix d'une carrière. — La vocation du pasteur et celle de l'éducateur. — Gaufrès opte pour cette dernière. — Il s'associe à Pécaut pour diriger l'institution Duplessis-Mornay (1852). — Il en devient le chef unique (1857-1883).

Jules Gaufrès est né le 2 juin 1827, au village de Vergèze dans le Gard, entre Nîmes et Montpellier, en plein centre de vie protestante. Ce n'est pas seulement dans sa famille qu'il puisa les principes de ses croyances religieuses, les recueillant des lèvres de sa mère et de son père. A Vergèze, où s'écoula son enfance, tous les lieux environnants lui prêchaient, pour ainsi dire, le culte auquel il devait toute sa vie rester fidèle. Il grandit, entouré et enveloppé de souvenirs religieux. Aux alentours de Vergèze, en effet, le protestantisme enregistre plusieurs faits mémorables de son histoire. Vers le nord, à une courte distance, s'élève le plateau où, de 1703 à 1704, Jean Cavalier, le héros de la guerre des Camisards, à la tête d'une multitude de paysans enthousiastes, lutta contre les troupes royales et défendit vaillamment les droits de la liberté de conscience. A l'ouest, ce sont les Bergines, les collines sur le versant desquelles s'ouvre une grotte spacieuse, où se tinrent, après la Révocation de l'Édit de Nantes, les assemblées des huguenots, les Églises du Désert. Au sud-ouest, c'est au loin Aigues-Mortes, avec ses remparts et sa tour de Constance, qui évoque d'émouvants souvenirs. Enfin au sud, à quelques portées de fusil, subsistent encore les baraques de Codognan, où le célèbre pasteur Paul Rabaut osa remettre, en se nommant, au marquis de Paulmy d'Argenson, un courageux et fier mémoire en faveur de ses coreligionnaires persécutés.

Nul doute que, dans les premières impressions de son enfance, Gaufrès n'ait subi l'influence secrète de ce milieu historique, où les vestiges du passé lui parlaient le langage de la foi, en lui racontant les luttes religieuses de ses ancêtres. Si la terre donne à ses productions ce qu'on appelle « la saveur du terroir », il n'est pas moins vrai que le pays où nous sommes nés, avec les événements qu'il rappelle, avec les visions qu'il offre à nos yeux qui s'ouvrent, agit mystérieusement sur nos âmes, pour les modeler et les façonner en partie.

Mais si Gaufrès est devenu, pour le rester toujours, un chrétien sincère, un protestant rigide, il faut en faire honneur surtout à l'éducation qu'il reçut au foyer paternel. Sa famille était de vieille souche huguenote. Au XVIIe siècle, après la Révocation de l'Édit de Nantes, quelques-uns de ses aïeux avaient quitté la France, pour aller chercher en Allemagne la liberté de pratiquer leur foi religieuse. La piété et aussi la charité étaient traditionnelles dans la famille. Un arrière-grand-père de Gaufrès avait légué par testament aux indigents de la commune un terrain, que l'on dénomma « la terre des pauvres », et dont le revenu était chaque année distribué en aumônes. Son grand-père paternel a laissé dans le pays une renommée légendaire de dévotion fervente [1]. S'il est vrai, comme l'a écrit quelque part Lamartine, que « la prédestination de l'enfant est la maison où il est né, et que son âme se compose surtout des impressions qu'il y a ressenties », Gaufrès était manifestement prédestiné à être un homme sincèrement et fermement religieux.

Tous ceux qui ont étudié de près les enfants savent avec quelle touchante docilité, avec quelle confiance naïve ils se prêtent à l'en-

---

1. Nous devons ces renseignements à M. le pasteur Paul Gaufrès, frère du héros de ce livre : « On garde encore à Vergèze, nous écrit-il, le souvenir de ce vieillard octogénaire, au visage doux et grave, couronné de longs cheveux blancs, lecteur assidu de la Bible, et toujours le premier arrivé au temple, pour assister aux exercices du culte... ».

seignement de la religion ; combien la parole même d'un étranger, du prêtre ou du pasteur, trouve aisément le chemin de leur cœur. Mais quand ce sont les parents eux-mêmes qui les initient aux dogmes de la foi ; quand la religion n'est pas seulement pour eux le culte public de l'église ou du temple, mais le culte intime du foyer domestique ; quand la parole divine se coule, pour les attendrir et les convaincre, dans le doux langage d'une mère qu'ils aiment ou dans les graves discours d'un père qu'ils respectent, combien sont plus puissantes encore, plus durables, les impressions religieuses des années d'enfance !

Ce fut le lot de Gaufrès. Son père, Mathieu Gaufrès, sa mère Madeleine Chapel, par leurs exemples d'ailleurs plus encore que par leurs paroles, — dont ils n'étaient pas prodigues, nous dit-on, — lui donnaient une leçon permanente et vivante de christianisme[1]. C'était l'époque où un mouvement de renaissance, *le Réveil*, agitait et animait

---

1. Gaufrès perdit son père le 31 décembre 1877 ; sa mère était morte, fort jeune encore, au printemps de 1856.

l'Église protestante [1]. Le père de Gaufrès en fut un des plus chauds propagateurs. Il avait organisé avec quelques amis, dans un grand nombre de localités de son voisinage, des assemblées évangéliques, qui avaient lieu chaque semaine, et qu'il présidait de temps en temps. En outre, sa maison même était ouverte à tous ceux qui, voulant communier dans la même foi, s'y donnaient régulièrement rendez-vous pour y entendre la lecture de la Bible, et aussi pour y chanter les can-

---

1. Gaufrès a gardé toute sa vie l'empreinte profonde de l'inspiration religieuse qu'il devait au *Réveil*. Et voici en quels termes, un demi-siècle après, dans un des discours qu'il prononça, en 1872, au Synode national de Paris, il définissait ce mouvement de renaissance de la foi protestante, proclamant en quoi il s'y rattachait lui-même, et en quoi aussi il s'en séparait : « Je procède du *Réveil*, disait-il, non pour la théologie qui a dû être révisée, ni pour l'esprit de dissidence, mais pour la vie chrétienne et l'idéal religieux. Je procède de ce grand mouvement moral, trop peu apprécié peut-être du côté gauche de cette assemblée, trop oublié du côté droit, et auquel les deux côtés doivent pourtant le meilleur d'eux-mêmes. Je reconnais pour ancêtres religieux, pour pères en la foi, ces hommes au cœur simple et grand, qui appartenaient à Dieu et ne s'inquiétaient que de le servir. Soit que, venus d'Angleterre, comme le Dr Cook et ses amis, ils nous apportassent un écho des grandes voix de Withfield et de Wesley, soit qu'éveillés par leur parole ou par d'autres influences à la vie religieuse, comme les Neff, les Pitt, les Bost, les Gaussen, les Monod et tant d'autres, ils entreprissent de remplir la France et la Suisse de la connaissance de l'Évangile, ils ont créé un mouvement puissant, digne d'être cité parmi les plus beaux de l'histoire de l'Église... »

tiques du recueil, alors nouveau, des *Chants chrétiens*. Enfin les prédicateurs de passage, qui venaient parfois y demander une hospitalité simple et cordiale, en profitaient pour évangéliser les voisins, les amis de leurs hôtes.

Mais à ce culte en quelque sorte patriarcal, où la religion se confondait avec la famille, s'ajoutait, pour endoctriner le jeune Gaufrès, l'influence du culte officiel et d'un milieu honnête et pieux. « A Vergèze, nous apprend M. Paul Gaufrès, le culte public était en grand honneur : chaque dimanche, le temple, fort spacieux, se remplissait d'une foule empressée : hommes et femmes, à peu près en nombre égal, y chantaient, avec plus de vigueur d'ailleurs que de savoir musical, les *Psaumes* de David, sous la direction de plusieurs chantres bénévoles. Le jour du repos, nul n'eût osé se livrer à un travail intéressé : les seules distractions de ces bons et paisibles villageois étaient les jeux de boules et de paume. L'abus des boissons était chose inconnue... »

C'est dans cette atmosphère de vertu et de piété que s'écoula, jusqu'à la onzième année, l'enfance de Gaufrès. Comme il l'a dit lui-même, il s'imprégna pour toujours des exemples « de cette vie saine et simple, vie de labeur opiniâtre et de traditions religieuses, transmises de génération en génération ». Ce fut, dans l'ensemble de son existence laborieuse et parfois tourmentée, comme un fond de tableau lointain, que son imagination, dans l'âge mûr, aimait à évoquer, pour s'y reposer dans le souvenir de l'action pure et bienfaisante de ses premières émotions. Il y contracta d'ailleurs, et de très bonne heure, des habitudes de gravité réfléchie, qu'un effort constant et un travail assidu devaient développer en lui et porter à un si haut point. Les témoins de sa vie rapportent qu'aux jeux, à la société des enfants de son âge, il préférait déjà la société des hommes faits et l'étude des livres.

A onze ans, Gaufrès dut quitter la maison paternelle pour commencer ses études. On le confia d'abord à un instituteur de Nîmes, et deux ans après à un pasteur des environs, qui lui enseigna les premiers éléments du grec et du latin. Si, dans leur vie publique et dans leur action sociale, Gaufrès et son fidèle ami Félix Pécaut se sont souvent rencontrés, s'il y a eu entre leurs caractères et dans leur rôle de si profondes ressemblances, s'ils ont été, sur plus d'un point, des âmes sœurs, ne convient-il pas de l'attribuer en partie à la parité de leur éducation? Mêmes influences d'un humble et sévère milieu familial; mêmes traditions de religion; même passage par l'école primaire, et ensuite dans la maison d'un pasteur. Presque contemporains d'âge, — Pécaut était né le 3 juin 1828, juste un an et un jour après Gaufrès, — enfants tous deux du midi de la France, c'est à peu près à la même époque qu'ils entrèrent, l'un au collège de Pau, l'autre au collège de Nîmes, pour y faire leurs études secondaires, et y réussir pareillement. Ils furent reçus bacheliers, Pécaut, plus précoce, en 1843; Gaufrès, en 1846. Enfin, quelques années après, ils devaient se rejoindre l'un et l'autre, étudiants en théologie, à la Faculté de Montauban, pour y nouer des liens d'amitié qui ne se rompirent jamais.

Au collège de Nîmes, Gaufrès sut se faire distinguer. Lorsqu'il en sortit, en 1846, ses chefs disaient de lui : « Il a fait avec le succès le plus marqué ses études complètes, et il a donné des preuves d'une sagesse exemplaire. » C'est le même témoignage que lui rendaient, quelques années après, les professeurs de la Faculté de théologie de Montauban, dans un certificat daté de 1852 : « M. Jules Gaufrès a mérité par ses qualités et par ses talents l'estime et l'affection de ses condisciples et de ses maîtres. »

Le rêve des parents de Gaufrès, comme de ceux de Pécaut, eût été de voir ces adolescents d'élite se consacrer au ministère évangélique, et Gaufrès inclinait par la pente naturelle de son caractère à suivre le vœu paternel. C'est avec joie que, en novembre 1846, il commença ses études théologiques, pour les terminer en 1850 : années fructueuses d'études intenses, sous la direction de professeurs distingués, et aussi de méditations personnelles ; et encore années fécondes de compagnonnage scolaire, d'entretiens et de discussions avec des camarades qui partageaient les mêmes sentiments et les mêmes goûts[1]. Avec Pécaut et son autre

---

1. Outre ses amis Pécaut et Cazalet, Gaufrès eut pour cama-

ami Cazalet, après avoir suivi le matin les cours de la Faculté, Gaufrès faisait dans l'après-midi, chaque jour de la semaine, une promenade champêtre, qui était à peu près sa seule distraction. Le dimanche, ces jeunes gens pieux allaient aussi à la campagne : mais ce n'était pas seulement pour y méditer à l'aise les problèmes religieux ou politiques, pour y échanger leurs vues d'avenir, leurs projets sur la régénération de la France ; c'était pour faire déjà l'apprentissage de la mission évangélique et de la propagande morale. « On s'est longtemps souvenu à Montauban, nous dit encore M. Paul Gaufrès, des tournées dominicales que mon frère faisait régulièrement en compagnie de son ami Cazalet, et qui avaient pour objet de catéchiser les paysans protestants des environs de la ville. »

En ce temps-là, l'école théologique de Montauban était, plus qu'elle ne l'a jamais été, un foyer ardent de pensée et de science. Les

rades à Montauban des hommes qui se sont fait connaître à des titres divers : Ernest Bonifas, S. Roberty, Aristide Viguié, Marcel Pelissier, Louis Rognon, etc.

recherches historiques, les discussions doctri-
nales y occupaient les étudiants, en même
temps que les agitait le mouvement politique
qui allait aboutir à la Révolution de 1848.
Un souffle de libéralisme, jusque-là inconnu,
troublait la quiétude des croyances traditionnelles. L'esprit critique s'éveillait dans
l'âme des professeurs, et encore plus dans la
jeune conscience des élèves.

Pécaut sortit de la Faculté hésitant, chan-
celant dans sa foi. « Quand il quitta Montauban, affirmait Gaufrès, il n'avait encore
rien tiré au clair.... » Il semble que les convictions de Gaufrès aient mieux résisté que
celles de son ami à cette crise de fermenta-
tion intellectuelle qu'encourageaient les har-
diesses de l'école de Tubingue, et dont la
publication de la *Revue de Théologie*, fondée
en 1850, allait être bientôt le bruyant écho.
Sans doute, c'est dans les rangs du protestantisme libéral que Gaufrès devait plus tard
prendre place, sans rien dissimuler des
divergences d'opinion qui le séparaient du
protestantisme orthodoxe ; mais à vingt ans,
il semble que l'étudiant de Montauban ait

gardé intacte sa foi religieuse, qui ne sera d'ailleurs jamais atteinte dans ses principes essentiels.

Dans la thèse qu'il soutint devant la Faculté, en juillet 1850, Gaufrès prenait nettement parti contre l'école de Tubingue, pour affirmer le « surnaturel et les miracles de l'Évangile ». Le sujet qu'il avait choisi était une étude de critique historique sur l'Ébionitisme dans l'Église primitive [1].

L'école de Tubingue prétendait que l'Ébionitisme se confondait avec le christianisme des premiers temps, et que cette doctrine composite, faite de judaïsme, d'essénisme et de spéculations messianiques plus ou moins bizarres, avait pendant deux siècles envahi toutes les Églises chrétiennes, en dépit de l'apostolat de saint Paul. Après avoir exposé impartialement les opinions qu'il voulait contredire, Gaufrès s'appuyait pour les réfuter sur les quatre grandes Épîtres non contestées de saint Paul, sur le Livre des Actes

---

[1]. Le jury devant lequel Gaufrès soutint sa thèse était composé de MM. les professeurs Montet, Sardinoux, Nicolas.

Sur l'Ébionitisme, voyez Renan, *les Évangiles*, Ch. III, p. 33. Ebion était une ville au delà du Jourdain.

des apôtres, sur les Évangiles synoptiques et les écrits des Pères de l'Église. Il n'hésitait pas à conclure que l'Ébionitisme n'avait été qu'une secte dissidente, confinée dans la Palestine, et que, même dans ce cercle restreint d'action, elle n'altérait pas la foi des premiers chrétiens, avant tout disciples de Jésus.

La thèse de Gaufrès attestait un effort sérieux d'érudition. Mais ce que nous aimons à y relever surtout, c'est la manifestation d'un esprit de liberté, qui dès cette époque s'était emparé de lui. Il avait soutenu avec force les résultats de ses études personnelles sur le sujet qu'il traitait; mais il ne prétendait nullement les imposer d'autorité à la créance d'autrui. « En posant ces conclusions que nous regardons comme très importantes et comme parfaitement légitimes, écrivait-il, nous tenons à déclarer, au risque d'affaiblir la portée de notre travail, que la réflexion individuelle et une critique sérieuse peuvent seules lui donner une certitude suffisante. Il n'est du devoir de personne de les accepter sans un examen préalable, et sans un contrôle sévère. Si notre travail venait à tomber entre les mains d'un de ces hommes, si nombreux aujourd'hui, dont la foi, qu'ils s'en doutent ou non, a subi de graves atteintes, et dont les préoccupations pourraient porter sur des points critiques, semblables à ceux que nous venons de discuter, nous croirions lui rendre un dangereux service en lui offrant des résultats tout trouvés, en rendant superflue pour lui toute recherche ultérieure, en donnant à ses croyances une tranquillité précoce et superficielle. A des convictions ébranlées il faut, pour les raffermir, des travaux personnels, des efforts vigoureux, que rien ne peut remplacer, et dont ne dispensent pas les solutions les plus décisives qu'un autre aurait pu découvrir[1]. »

Il serait difficile de proclamer avec plus de netteté les droits du libre examen, et l'obligation pour chacun de nous de chercher dans la réflexion personnelle la source de toute certitude.

Les études théologiques une fois terminées, l'aboutissement naturel de cette laborieuse préparation eût été que Gaufrès prît rang offi-

---

1. *L'Ebionitisme et l'Eglise primitive*, p. 57.

ciellement parmi les ministres du culte protestant, et se chargeât de la direction d'une paroisse, pour vouer toute son existence au service direct de l'Église. Tout semblait l'appeler à s'engager dans cette voie. Les vœux de sa famille, son caractère droit et élevé, ses mœurs pures, ses dispositions intellectuelles de haute spiritualité, tout le conviait à remplir dans le monde où il entrait la mission du pasteur. Mais à côté de ce chemin tout indiqué, où il avait souvent rêvé de porter ses pas, et qui l'aurait conduit vers le temple, pour y faire entendre les prédications fortes et sincères d'une parole simple et persuasive, une autre route s'ouvrait tout à côté devant lui : une route qui va dans la même direction, qui parfois dans ses détours s'en rapproche et là rejoint, qui enfin, par d'autres sentiers, aboutit indirectement au même but : celle de l'éducation de la jeunesse. L'instituteur, le maître, quand il est vraiment à la hauteur de sa tâche, n'est-il pas lui aussi, comme le prêtre, comme le pasteur, un conducteur d'âmes? Ne poursuit-il pas le même objet, qui est, en éclairant les intelligences et en fortifiant les volontés, d'ouvrir aux hommes les voies de la vertu et du bonheur? Ne doivent-ils pas posséder, l'un et l'autre, des qualités analogues : qualités de sérieux, de dévouement, de noblesse d'âme et de dignité de vie?...

On n'est donc pas surpris que Gaufrès, après avoir hésité quelque temps entre ces deux vocations qui ont tant de points de ressemblance, ait opté pour la seconde et se soit fait éducateur. L'enseignement moral a été la préoccupation de toute sa vie; au lieu de le répandre du haut d'une chaire d'église, et de le distribuer à une assemblée de fidèles, c'est dans la chaire du professeur, c'est dans le bureau d'un directeur d'études, qu'il l'a longuement et largement semé, en s'adressant à des élèves, pendant plus de trente ans, de 1852 à 1883.

Les circonstances, d'ailleurs, eurent une part dans la décision de Gaufrès. Après qu'il eût dit adieu aux chers camarades et aux professeurs aimés qu'il laissait à Montauban [1],

---

1. Le professeur particulièrement aimé de Gaufrès était le vénérable pasteur Pédézert, qui est mort il y a quelques années à peine.

il revint au pays, et là, au mois d'octobre 1850, il accepta d'abord d'entrer dans une institution libre de jeunes gens, en qualité de sous-directeur et d'aumônier. Il réussit à merveille dans ces doubles fonctions, et son directeur déclarait qu' « il s'en était acquitté avec une rare intelligence, et un dévouement au-dessus de tout éloge ». Mais, malgré ces heureux débuts pédagogiques, Gaufrès tâtonnait encore; il n'avait pas définitivement fait son choix. C'est ainsi qu'écoutant la voix qui l'appelait vers le ministère pastoral, il consentit à être pendant dix huit mois le suffragant du pasteur de la paroisse de Beauvoisin, dans les environs de Nîmes. Chaque dimanche, il se rendait dans ce village, visitait les malades, prêchait, évangélisait, et, par l'ardeur de ses prédications, réussissait à faire reprendre le chemin du temple à ceux de ses coreligionnaires qui l'avaient déserté.

Mais un événement survint qui mit fin à cette situation incertaine, à cette vie en partie double.

Son ami Pécaut, qui, pendant quelques mois, avait été lui aussi pasteur suffragant à

Salies-de-Béarn, venait de donner sa démission, ne voulant pas jouer le rôle d'un Vicaire savoyard, et se séparant, par scrupule de conscience, d'une Église dont toutes les croyances n'étaient plus les siennes. Et le pasteur démissionnaire, en rupture d'orthodoxie, s'était décidé à prendre un service d'enseignement, dans une institution privée, que son oncle Beigbeder avait fondée à Paris, en plein quartier des Batignolles[1]. Beigbeder, fatigué par l'âge, s'était retiré. Pécaut devint alors le chef de l'institution. Mais il n'avait accepté la charge de diriger l'établissement qu'à une condition, c'est que Gaufrès voudrait bien l'assister et devenir son collaborateur[2]. Gaufrès n'hésita plus; Luther n'avait-il pas dit : « Si je n'étais point pasteur, je voudrais être instituteur? » Il répondit avec empressement à l'appel que lui adressait Pécaut, entraîné vers lui par ses sentiments d'estime et d'amitié, et aussi par les voix

---

1. L'institution avait été fondée, en 1843, par Beigbeder, oncle de Félix Pécaut, et ancien directeur de l'Ecole normale d'instituteurs de Pau.

2. Voyez, dans la collection *Les Grands éducateurs,* notre étude sur *Félix Pécaut et l'éducation de la conscience,* p. 23 et suiv.

intérieures qui lui montraient dans l'enseignement le véritable, le plus utile emploi de ses forces morales.

Bien jeunes tous deux, Gaufrès et Pécaut trouvèrent dans la gravité de leur caractère, dans l'accord de leurs sentiments, dans l'union de leurs efforts, de quoi compenser ce qui pouvait leur manquer comme expérience scolaire. L'institution prospéra; de primaire elle devint secondaire, et c'est alors qu'elle prit le nom d'institution Duplessis-Mornay. Les deux amis, pour la diriger, s'entendirent comme deux frères. Leur collaboration heureuse dura jusqu'en 1857, et elle aurait duré plus longtemps, si, à cette date, Pécaut, préoccupé de la santé de sa femme, et n'ayant guère à se louer de sa propre santé, ne s'était résolu à abandonner pour quelque temps la vie active, et à quitter Paris pour aller en Béarn vivre dans la retraite.

Resté seul à la tête de l'institution Duplessis-Mornay, Gaufrès continua, avec le même succès, l'œuvre commencée. Pendant vingt-six ans, jusqu'en 1883, ne se laissant guère détourner par d'autres préoccupations, il se consacra tout entier à sa tâche d'éducateur, aidé par la vaillante femme qui fut jusqu'à la fin l'associée de sa pensée et de son labeur[1].

La maison ne connut d'autres vicissitudes que celle qui résulta de la guerre de 1870 : il fallut alors la fermer, et, pendant le siège, elle fut transformée en hôpital. Mais, dès le mois d'octobre 1871, Gaufrès reprit sa tâche interrompue, et il s'efforça de justifier tous les jours davantage le patronage des souvenirs vénérés qu'a laissés dans l'histoire l'homme célèbre dont il avait arboré le nom, celui dont il disait, faisant de ces paroles comme la devise de son établissement scolaire : « Duplessis-Mornay représente la foi réformée, les vertus qui signalèrent l'âge héroïque du protestantisme, la culture de l'esprit et l'empire absolu de la conscience, l'amour de la patrie, et l'entier dévouement à Dieu et à l'humanité. »

---

1. Gaufrès s'était marié, en 1856, avec Mlle Gonin, et il aimait à dire que, s'il n'avait pas su pouvoir compter sur le dévouement, l'intelligence et l'esprit pratique de Mme Gaufrès, il n'eût pas accepté la charge de diriger l'institution Duplessis-Mornay.

CHAPITRE II

GAUFRÈS ÉDUCATEUR

L'INSTITUTION DUPLESSIS-MORNAY (1852-1883)

LES « LETTRES SUR L'ÉDUCATION » (1869)

1

Pourquoi Pécaut et Gaufrès donnèrent à leur institution le nom de Duplessis-Mornay. — Ils s'inspiraient de ses idées pédagogiques. — Succès prolongé de l'institution. — Gaufrès était avant tout un éducateur. — Souci prédominant de l'éducation morale. — L'enseignement du devoir social. — Critique des grands internats. — Discipline familiale. — *La Famille Duplessis-Mornay,* journal de correspondance scolaire (1863-1866). — Gaufrès suivait dans la vie ses anciens élèves. — Il continuait dans sa correspondance l'enseignement moral donné à l'école.

Gaufrès a été avant tout un éducateur : il l'a été pratiquement, comme chef d'institution, comme professeur dans la pension qu'il dirigeait ; il l'a été théoriquement dans quelques-uns de ses écrits, notamment dans ses *Lettres sur l'éducation*. Quand le cours des événements l'a appelé à siéger au Conseil municipal de Paris, il ne s'y est guère mêlé de politique : il s'y est occupé surtout de questions scolaires. S'il a collaboré à des journaux, il ne l'a fait que pour y traiter des sujets d'éducation et de morale. C'est donc dans un effort constant pour travailler à l'éducation nationale qu'il faut chercher l'unité de sa vie, et cet effort il l'a poursuivi d'abord et directement, pendant plus de trente ans, avec ses élèves de l'institution Duplessis-Mornay.

Ce n'est pas seulement son nom célèbre que Pécaut et Gaufrès avaient emprunté à Duplessis-Mornay pour en parer leur école : ils lui demandaient aussi l'inspiration générale de leur doctrine personnelle et de leurs méthodes d'éducation. Les principes que Gaufrès appliquait dans la direction de ses propres élèves relevaient en effet, sur plus d'un point, des idées pédagogiques de celui qu'on appelait, en son temps, le « pape des huguenots », mais qui fut aussi un esprit

large et élevé, et, à sa manière, un pédagogue
avisé. Duplessis–Mornay avait soigneusement
rédigé pour l'éducation de son fils, pour sa
« nourriture », comme on disait alors, un
court mémoire que Gaufrès a eu le mérite
d'exhumer de l'oubli[1].

Après avoir reproduit, dans le journal scolaire qu'il fit paraître en 1863, sous ce titre
la Famille Duplessis–Mornay[2], les cinq ou six
pages de ce mémoire, Gaufrès écrivait :

« Nos jeunes lecteurs n'auront pas de
peine à y reconnaître des principes d'éducation qui leur sont familiers, ni à se représenter ce que serait un jeune homme élevé
selon les préceptes de Duplessis–Mornay.

» Religieux sans superstition, imbu des
principes de l'Évangile et des maximes de la

---

1. *Avis sur l'institution d'un enfant qu'on veut nourrir aux lettres.
Mémoires* de Duplessis-Mornay, t. V, p. 65). Cet *Avis* fut com-
muniqué à diverses personnes, notamment à la princesse
d'Orange, Louise de Coligny, fille de l'amiral et femme de Guillaume de Nassau. Elle en remercia l'auteur dans une lettre de
juillet 1591, où elle lui disait entre autres choses : « On m'a fait
un si bon rapport de la grande espérance que donne une si
belle jeunesse (celle de Philippe Mornay de Bauves) que cela me
fit extrêmement désirer de pouvoir faire élever mon fils à son
imitation... ».

2. Voyez ci-dessous, p. 40.

sagesse antique, bon envers tous, prompt à
se dévouer aux autres, sincère et loyal, ennemi de l'hypocrisie et du mensonge, il ne
resterait étranger à aucune connaissance et
à aucune vertu : une culture générale, em-
brassant à la fois les langues mortes, les
idiomes modernes, les mathématiques, n'ex-
clurait point une étude spéciale, art ou
science, conforme à ses goûts et à son caractère ; il saurait unir la pratique à la théorie,
les exercices du corps à ceux de l'esprit ; les
travaux où il exposerait ses propres pensées
à ceux qui lui feraient connaître celles des
autres ; et loin de l'éloigner de la société et
du monde, ses études ne feraient que le
rendre plus capable d'y servir autrui, en se
perfectionnant lui-même. »

Tel était l'idéal pédagogique de Duplessis-
Mornay, un peu arrangé et modernisé par
Gaufrès, afin que la jeunesse bourgeoise
du xixe siècle pût faire son profit de l'éducation d'un gentilhomme de la fin du xvie.
Le texte original, que Gaufrès a pris soin de
publier *in extenso*, contient des observations
intéressantes, qui caractérisent l'état d'esprit

d'un éducateur protestant dans les premières années de la Réforme, en même temps qu'elles témoignent d'une réelle pénétration psychologique.

« L'inclination des enfants, écrivait Duplessis-Mornay, peut plus que tout l'art qu'on peut apporter à l'éducation, et elle vient de Dieu. Le soin des pères et des mères vient ensuite.... Le premier vice qui paraît chez les enfants est l'hypocrisie, c'est-à-dire le déguisement de leurs fautes.... C'est pourquoi il n'y a rien de si nécessaire que de leur donner une honnête liberté et privauté : sous celle-là ils découvrent leur naturel, leurs mauvaises inclinations, et on a ainsi le moyen de les leur réprimer tout doucement. La servitude, sujétion et crainte servile, les leur fait cacher, de sorte qu'ils ont pris une habitude avant qu'on s'en soit pu apercevoir. Il faut défendre que l'on ne tienne des propos mauvais devant eux, car ils s'impriment profondément à cet âge : s'entretenir au contraire de bons : étant tout certain que les enfants prennent la couleur, soit du bien, soit du mal, sans y penser... La partie qui se doit le plus exercer en l'enfant, c'est la mémoire : car, en l'imperfection de son âge, elle est alors en sa perfection. Il y a quelques livres d'histoires, et autres, où il y a des peintures qui délectent cet âge,.. et il faut lui tourner en joie ce qui serait autrement labeur. »

Ce sont surtout les langues mortes, le grec, le latin, et même l'hébreu, que Duplessis-Mornay recommandait, comme il convient à un homme de la Renaissance : « Jusqu'à quatorze ans, c'est le règne de la mémoire », et l'étude des langues est particulièrement appropriée à cet âge. Il y joint pourtant les mathématiques : « J'entends par là l'arithmétique, la géométrie, la musique ». Quant aux langues vivantes, il ne pense pas qu'on puisse les acquérir autrement que par l'usage, « par la hantise des pays étrangers ». Ce qui manifeste déjà un esprit tout moderne, c'est qu'à partir de quatorze ans il veut que « le jugement soit exercé principalement ». C'est aussi l'idée de faire appel à l'activité personnelle des élèves, et par là de leur faire prendre plaisir à l'étude : par exemple, dans l'enseignement des sciences, en les exerçant à la pratique et au maniement des instruments ; « n'y ayant règle plus certaine pour faire étudier et profiter les enfants, que de leur en donner l'œuvre », c'est-à-dire de les faire agir. C'est encore la mention qui est faite de la peinture, c'est-à-dire du dessin, « qui s'apprend avec plaisir à cet âge ». C'est enfin la recommandation de ne pas isoler l'enfant, de le mêler au commerce des hommes, « de l'introduire dans des compagnies conformes à sa vocation, les lettres étant faites pour apprivoiser et non pour *étranger* les hommes »....

Le nom de Duplessis-Mornay était donc à lui seul tout un programme : Gaufrès a su le remplir dans son école, avec autant de succès que de zèle. On sait à quelles difficultés, dans la seconde moitié du xixe siècle, s'est heurté l'enseignement laïque libre, quelle peine il a eue à vivre, écrasé qu'il était, soit par l'enseignement de l'État, qui multipliait ses lycées et ses collèges, soit par la concurrence des toutes-puissantes congrégations catholiques. Combien en avons nous vu mourir de ces institutions un moment florissantes, de ces « *pensions* » comme on les appelait — la « pension Massin », la « pension Jauffret » ou « Favart », par exemple, — qui connurent des jours d'éclat et de renommée, mais qui, déclinant peu à peu, délaissées par la faveur publique, ont fini par fermer leurs portes! Et ces difficultés subsistent toujours, puisque les plus célèbres d'entre ces établissements libres, Sainte-Barbe et l'école Alsacienne, ont eu besoin, pour se maintenir de nos jours, de solliciter les subventions de l'État. C'est donc un grand honneur pour Gaufrès d'avoir pu, grâce à la confiance qu'il inspirait aux familles, et bien qu'il ne dût compter que sur ses seules ressources, soutenir si longtemps, et dans un état florissant, l'institution Duplessis–Mornay[1].

On n'en sera pas surpris, d'ailleurs, quand nous aurons dit par quelles méthodes, et avec quelle vigilance, avec quelle conscience

---

1. Gaufrès a orthographié différemment le nom de Duplessis-Mornay. Dans son opuscule sur le fils de l'illustre gentilhomme du xvie siècle (Voyez plus loin ch. V) il écrit Du Plessis-Mornay,

de ses devoirs, il avait réussi à faire de son institution, non seulement un bon collège d'enseignement secondaire, mais une maison d'éducation modèle. L'éducation en effet était son premier souci. Certes il donnait tous ses soins à l'instruction de ses élèves. Il s'entourait de collaborateurs instruits et distingués. M. Ferdinand Buisson, le futur promoteur de l'enseignement primaire laïque, y enseigna quelque temps, en 1865. Une attention particulière était accordée, dans le plan d'études, aux langues étrangères, alors trop négligées dans les établissements de l'État. Mais on étudiait toutes les matières du programme classique. La force des études était attestée par les succès que remportaient au baccalauréat, ou même au Concours général des lycées, ceux des élèves de l'institution qui allaient suivre, en qualité d'externes, les classes du lycée Bonaparte, sous l'Empire, ou, quand il changea de nom sous la République, du lycée Condorcet.

D'autres élèves, ceux qui se destinaient au commerce ou à l'industrie, fréquentaient les cours du collège Chaptal. Mais pour les uns et les autres l'institution avait des maîtres à elle, qui surveillaient leur travail, et qui révisaient, refaisaient ou complétaient les enseignements du lycée et du collège[1].

Il n'en est pas moins vrai que Gaufrès visait avant tout l'éducation morale. Il voulait élever des hommes vertueux, plus encore que des hommes instruits : non de beaux esprits, mais des consciences droites, vigoureuses, vivifiées par le sentiment social, et aussi des consciences religieuses.

Derrière l'administrateur laïque apparaissait toujours en lui l'homme de Dieu. Ses leçons de morale prenaient le ton du sermon. Écrivant à un de ses anciens élèves, il lui disait : « La seule façon dont vous puissiez faire valoir votre part des dons reçus de Dieu, c'est de l'employer à l'utilité commune. Donnez, et votre pensée, et le sentiment qui vous anime, et la foi qui vous inspire. Partout dans la société, dans la

---

1. Dans sa déposition devant la commission d'enquête parlementaire, présidée par M. Ribot, en 1899, Gaufrès disait : « Je gardais à la maison les élèves qui n'étaient pas en état d'aller utilement au lycée. » (Voyez *Enquête sur l'enseignement secondaire*, t. II, p. 432 à 437).

cité, dans la famille, sortez de vous-même; soyez l'homme des autres : c'est le devoir, c'est aussi le secret du bonheur. » Ailleurs encore il reprenait la même idée : « Ma suprême ambition serait de voir tous les jeunes gens dont l'éducation m'a été confiée, arrachés aux soins vulgaires de l'égoïsme, et élevés au noble souci du bien public, du perfectionnement moral, du règne de Dieu. Membres de cette grande famille qui s'appelle l'humanité, nous lui devons toutes nos forces, nos talents, nos facultés diverses. Tout ce que nous gardons pour nous seuls lui est injustement ravi » — et ceci est peut-être un peu excessif, puisqu'on pourrait s'en autoriser pour plaider la cause du collectivisme; mais il ajoutait, et cela est excellent : — « Tout ce que nous donnons à autrui en dévouement nous est rendu en bonheur intime, en noble et profonde joie. »

Gaufrès assurément attachait un grand prix aux vertus personnelles, celles qui sont, d'ailleurs, la source et le principe des autres, et il en a donné lui-même le plus bel exemple, dans ses mœurs pures et dignes, dans sa vie simple et sévère. Mais il ne bornait pas l'horizon du devoir au seul perfectionnement individuel. Ce n'est pas assez pour l'honnête homme de pratiquer les devoirs envers soi-même. Si l'on arrête là son ambition, on risque de n'être après tout qu'un citoyen inutile, dont la vie vertueuse ne profite pas à la société : on l'honore sans doute, mais on ne la sert pas. Gaufrès pensait avec raison qu'il faut aller au delà, et que la vertu n'est complète que si elle agit, si elle se dépense au service d'autrui. C'est donc le devoir social qu'il s'efforçait d'enseigner à ses élèves, le devoir du citoyen actif, qu'il allait pratiquer lui-même avec une si admirable persévérance, et auquel il consacra entièrement les vingt dernières années de sa vie. Il aimait à leur répéter les paroles de Duplessis-Mornay : « Ce que Dieu a donné à nous, et non à tous, il ne l'a pas donné seulement pour nous, mais pour tous. »

L'institution Duplessis-Mornay ne fut jamais un internat populeux : une soixantaine d'élèves tout au plus, et certaines années moins encore. Messieurs de Port-Royal, au xviie siècle, n'en avaient pas davantage. Pour diriger un pensionnat selon les principes de Gaufrès, avec cette sollicitude attentive qui ne veut négliger aucun écolier, et qui s'intéresse aux besoins, au caractère propre de chaque individu, la première condition est que le nombre des élèves ne soit pas trop étendu. Gaufrès se défiait et médisait même volontiers des grands internats. Il redoutait les conséquences fâcheuses qui, au point de vue de la formation des caractères, peuvent résulter de ces vastes agglomérations d'enfants. « Sous le rouage de la discipline, sous la pression d'un grand nombre de condisciples qui enlèvent le jeune homme à lui-même, l'âme est oubliée, la conscience s'atrophie ; » et il allait jusqu'à dire que « l'éducation des lycées-casernes était en partie la cause de l'abaissement de la moralité publique ».

Gaufrès devançait son temps par une conception familiale de l'internat. « Duplessis-Mornay », était en effet une véritable famille, analogue à ce qu'a été plus tard l'école Alsacienne. Chaque élève était l'objet de soins particuliers. Dans un prospectus qui date de

1863, Gaufrès disait qu'il considérait sa tâche comme celle d'un père de famille, présidant lui-même aux études de ses enfants. Il vivait au milieu d'eux, partageant leurs travaux, leurs repas, leurs récréations. Il jouait en leur compagnie, comme faisait Pécaut lui aussi, quand il se mêlait à leurs parties de balle et n'y avait pas toujours le dessous. Dans la fréquence et l'intimité de ces rapports quotidiens, Gaufrès trouvait le vrai moyen de prévenir les difficultés de la discipline, de combattre les défauts du caractère, d'encourager les efforts et les bons sentiments. La discipline était douce à Duplessis-Mornay. Ce qui la facilitait d'ailleurs, c'est qu'on avait soin de n'y admettre et de n'y conserver que des jeunes gens d'un caractère sûr. Et pour que l'institution ressemblât tout à fait à un foyer domestique, la noble compagne qu'il avait associée à sa vie, Mme Gaufrès, participait à la direction de la maison, et y jouait le rôle actif d'une mère attentive.

C'étaient surtout les riches familles protestantes de Paris et de la province qui formaient la clientèle de la pension Gaufrès.

Quelques catholiques, en petit nombre, sont passés pourtant par cette école, dont l'esprit religieux était assez libéral, assez large, pour n'effaroucher personne. Les étrangers, anglais, américains, suisses, y affluaient. Nombre d'élèves de Gaufrès ont fait honneur à leurs origines scolaires, et se sont distingués dans l'industrie, dans les lettres, dans la politique, dans le ministère évangélique. Citons notamment, entre plusieurs autres, Paul Valloton, F. Sibille, G. Cambefort, Boissy-d'Anglas, A. Claparède, Charles Pradel, Gaston Rabaud, etc.

Dans les premiers temps, Pécaut s'était réservé l'éducation des grands élèves. Gaufrès ne s'occupait que des plus petits. Lorsqu'il assuma à lui seul la charge de la direction, il maintint la séparation entre les élèves, d'après leur âge, et divisa l'institution en deux ou trois groupes distincts

Les punitions étaient rares, presque nulles. C'est par la persuasion que Gaufrès assurait

---

1. L'institution Duplessis-Mornay était établie aux Batignolles, rue d'Arcet, 8, devenue plus tard rue Puteaux.

le bon ordre. Mais en revanche il avait établi tout un sytème de récompenses. Il n'était pas de ces rêveurs égalitaires qui, de nos jours, demandent la suppression des distributions de prix, sous prétexte qu'elles porteraient atteinte au principe de l'égalité, comme si la récompense attribuée au mérite n'était pas de stricte justice. Ils oublient combien il est utile et même indispensable de maintenir le ressort de l'émulation. A la fin du premier et du deuxième trimestre, un prix d'excellence était décerné au meilleur élève de chacune des trois divisions; un prix de même valeur l'était aussi à l'élève qui, sans s'élever au premier rang, s'était distingué par ses efforts, par quelque progrès important. Puis venait, à la fin de l'année scolaire, une solennelle distribution de prix, où, après avoir rappelé les prix trimestriels, on proclamait les prix annuels, d'autant plus appréciés qu'il était plus difficile de les obtenir. Ces prix n'étaient pas attribués, comme ils le sont dans les lycées, au mérite relatif dans chaque faculté, mais « au travail général et à la constance des efforts dans toutes les branches d'études ».

Il y avait, d'abord, les prix dits « supérieurs »,
réservés à ceux qui, dans le cours de l'année,
avaient constamment obtenu de bonnes notes
de semaine, d'examens, de compositions, c'est-
à-dire cinquante-deux fois la note *Bien* ; puis,
les premiers et les seconds prix, auxquels
donnaient droit soit quarante-sept, soit
trente-sept *Bien*[1]. Il n'y avait pas d'accessit.

La distribution des prix était d'ailleurs
entourée de quelque éclat. Après le discours d'usage, dont était chargé un des professeurs de l'établissement, le directeur prenait
à son tour la parole : il résumait les travaux
de l'année, signalait les progrès accomplis,
sans omettre de dire sur quel point les résultats ne l'avaient pas satisfait. Les élèves par-
ticipaient à la cérémonie ; ils entonnaient le
chant de l'institution, — musique de Ch. Le-
coq, paroles de M. Bourbeau, professeur de
lettres, le poète de la maison, — dont le
refrain était :

> Partout mon cœur portera ton image,
> École Duplessis-Mornay....

---

[1]. Dans les deux divisions inférieures, ces chiffres étaient di-
minués de quelques unités.

Gaufrès était assurément un maître exigeant. Il savait le prix de l'ordre, de la discipline exacte. Élevé lui-même sévèrement par un père rigide, dont il se rappelait, en la bénissant, l'autorité forte et ferme, il n'était pas disposé à pratiquer avec ses élèves les complaisances d'une éducation molle et flasque. Mais quelque ennemi qu'il fût, pour lui-même comme pour les autres, des plaisirs frivoles, il savait que la jeunesse a besoin de divertissements. Aussi ne négligeait-il pas d'introduire dans le régime de l'école quelques fêtes clair-semées. Par exemple, en 1863, toute la maison, les élèves et les maîtres, allaient passer une journée à Ville-d'Avray, pour s'y ébattre en courses de toute espèce, à pied, à cheval, en bateau; on y déjeunait sur l'herbe, en compagnie du directeur, de sa femme, de ses deux filles et de plusieurs dames[1].

L'institution Duplessis-Mornay était donc une véritable famille; une âme commune en

---

[1]. C'était tous les ans, au mois de juin, à l'occasion de l'anniversaire de Gaufrès, qu'avait lieu cette fête scolaire.

dirigeait tous les membres et en faisait comme un foyer de sympathies et d'affections réciproques. Gaufrès savait faire aimer l'école à tous ceux qui la fréquentaient ; ils se plaisaient à redire les vers de leur hymne scolaire :

> Jurons d'être dignes sans cesse
> Du drapeau qui nous fut donné.
> Qu'à nos vertus on reconnaisse
> Les fils de Duplessis-Mornay !...

Pour resserrer encore les liens d'union qu'il s'attachait à établir entre tous les hôtes de l'institution, et afin d'en prolonger la durée par des rapports réguliers après la sortie de l'école, Gaufrès imagina de créer, en 1863, un petit journal périodique, auquel il donna ce titre significatif : *La Famille de Duplessis-Mornay*, avec la parole de l'apôtre saint Paul pour épigraphe : *Personne ne vit pour soi*[1]. Professeurs et élèves y collaboraient. Ce journal de correspondance intrascolaire tenait ses lecteurs au courant de la marche de l'école. Il donnait la liste des candidats reçus aux examens de la Sorbonne, dans

---

1. Il est fort à regretter que la publication de ce petit périodique ait été interrompue en 1867.

les concours des grandes écoles, Saint-Cyr, Polytechnique, école normale, école navale. Il publiait les noms des lauréats du Concours général. D'autre part, les anciens élèves y donnaient de leurs nouvelles, racontaient leurs voyages, les premières impressions de leur vie active, les premiers pas de leur entrée dans le monde. Tel adressait une longue lettre, datée de la Nouvelle-Orléans; tels autres correspondaient de Cordoue, de Séville, de Mulhouse, de Lausanne, de Saint-Pétersbourg. Tous enfin, malgré l'éloignement, se pressaient par la pensée autour du nid familial qu'ils avaient quitté, mais qu'ils n'oubliaient pas, et qu'ils aimaient toujours.

De ces lettres citons quelques passages, qui montrent quels sentiments de reconnaissance les pensionnaires de Duplessis-Mornay avaient voués à Pécaut et à Gaufrès : « Sous vos yeux et ceux de M. Pécaut nous apprenions à devenir des hommes... Je viens de prononcer un nom vénéré et aimé de tous les anciens élèves. Le souvenir du fondateur de Duplessis-Mornay ne peut s'effacer du cœur de ceux qui le connaissaient intimement, et

qui trouvaient en lui moins un directeur
qu'un père.... » Le digne successeur de
Pécaut avait sa large part dans ces témoignages de gratitude et de fidèle affection :
« Plus que tout autre, écrivait-on à Gaufrès,
j'ai à vous remercier d'avoir travaillé à faire
de moi un homme. Vos exemples sont toujours devant mes yeux... » On écrivait cela
d'un village perdu sur la frontière de Prusse
et de Russie.

Gaufrès était trop attaché à ses élèves pour
ne pas se préoccuper de ce qu'ils devenaient
dans la vie. Il ne considérait nullement sa
tâche comme finie, quand il les avait conduits
jusqu'au bout de leurs études, et qu'il avait
fait d'eux des bacheliers. *La Famille Duplessis-
Mornay* relatait les événements qui surve-
naient dans leur carrière, annonçait leur
mariage. Gaufrès les suivait dans la vie, s'intéressant à tout ce qui pouvait leur arriver
d'heureux ou de malheureux. Il entretenait
avec eux une correspondance affectueuse. Il
ne cessait de leur prodiguer de sages conseils.
En juillet 1867, il écrivait, par exemple, à
l'un d'entre eux : « A l'étude vous devez

joindre l'action, l'action consacrée au bien public. Écoles et bibliothèques, conférences et lectures, sociétés chorales ou coopératives, ligues de l'enseignement ou de la paix, vous compteront bientôt, je l'espère, parmi leurs protecteurs et leurs amis; et grâce à votre concours, elles recruteront des adhérents, étendront leurs bienfaits, feront pénétrer le progrès et la vie dans des régions restées jusque-là étrangères à leur influence. Un de mes rêves les plus chers, ce serait de voir les jeunes gens élevés à Duplessis-Mornay prendre, dans ce beau mouvement, le rôle et l'initiative qui leur appartiennent, et se mettre à la tête de ces généreuses entreprises. »

C'était, on le voit, l'enseignement moral continué, après leur sortie de l'institution, pour quelques-uns au moins de ceux qui y avaient étudié. C'était une sorte d'instruction « post-scolaire », qui avait pour but de maintenir, d'empêcher de s'éteindre dans le tourbillon de la vie, les bons principes acquis à l'école, et professée par celui-là même qui les avait fait acquérir. C'était enfin comme une direction de conscience, pleine d'autorité sans doute, mais exercée toujours avec discrétion et réserve. Gaufrès avait trop souci de sa propre indépendance pour ne pas respecter la liberté des autres.

II

Vues théoriques de Gaufrès. — Les *Lettres sur l'éducation*. — Ses préférences pour l'éducation de la famille. — Ce qu'il attendait de l'action de la religion. — La surcharge des programmes dans notre enseignement secondaire. — Gaufrès faisait un choix. — Prédilection pour l'éducation anglo-saxonne. — L'éducation du caractère mise au-dessus de tout.

On ne dirige pas une maison d'éducation, on ne pratique pas l'enseignement, sans être amené à faire un peu de pédagogie théorique, ni sans être tenté de formuler dans des règles générales quelques-uns des résultats de son expérience. C'est ce que fit Gaufrès, dès 1869, dans les *Lettres sur l'éducation*. Ces lettres, qu'il adressa au journal *le Lien*, portaient sur les sujets suivants : *Éducation catholique et protes-*

---

1. Voyez, dans le journal *le Lien*, les *Lettres sur l'éducation*. La première a paru dans le numéro du 19 juin 1869 ; la dernière, en avril 1870.

lante, au lycée et dans la famille. — La famille pro-testante. — L'Église. — Les programmes. — La volonté. — Malgré l'apparence un peu décousue de leurs titres, ces cinq lettres sont le développement d'un plan régulier et rigoureusement ordonné. Elles constituent un petit cours de doctrine : les trois premières, en effet, exposent ce que devraient être, pour répondre exactement à leur but et remplir efficacement leur rôle, les trois institutions sociales qui concourent à l'éducation de la jeunesse : le collège, la famille et l'Église ; la quatrième traite de la culture intellectuelle ; la dernière de l'éducation de la volonté et du caractère, celle qui a toujours été le principal objet des efforts de Gaufrès.

Les *Lettres sur l'éducation* sont au nombre des meilleures pages que Gaufrès ait écrites. C'était comme le résumé de tout ce que lui avait appris sur les règles de l'éducation une expérience professionnelle déjà longue, et aussi l'expression de tout ce que lui inspirait un sentiment juste et profond de la nécessité d'une réforme scolaire. En lisant ces pages trop courtes, on se prend à regretter qu'il n'ait pas pris plus souvent la plume pour raisonner en théoricien sur les questions d'éducation. Bien que, à son dire, il ait voulu en écarter « tout ce qui est en dehors de l'horizon protestant », ses réflexions ont une portée générale, et il n'est pas exagéré d'avancer que, par cet écrit qu'il composa avant 1870, — c'est-à-dire avant l'époque où allait commencer en France un mouvement fécond de régénération scolaire, — Gaufrès s'est posé en précurseur. La preuve, c'est que quatre ans après qu'il les avait publiées, lorsque parut, non sans éclat, le livre de M. Michel Bréal, *Quelques mots sur l'instruction publique en France*, il avait la satisfaction de pouvoir dire : « Nous sommes d'autant plus porté à approuver les diverses parties du plan développé par M. Bréal, que nous y trouvons la confirmation de la plupart des vues que nous avons exposées nous-même dans nos *Lettres sur l'éducation.* [1] »

Gaufrès, nous l'avons déjà dit, n'aimait pas plus que M. Michel Bréal les grands inter-

---

[1]. Voyez dans le journal *Renaissance*, numéro du 8 février 1873, l'article de Gaufrès sur le livre de M. Michel Bréal.

nats[1], tels qu'ils existaient en ce temps-là, dans les lycées, dans ces énormes agglomérations qui réunissaient parfois jusqu'à sept ou huit cents internes[2]. Il y voyait un héritage des jésuites, une organisation scolaire destinée à dominer, à dompter les intelligences et les volontés, à faire des dévots, et non des hommes. Il y voyait encore, avec Renan, une création du despotisme du premier Empire, un système d'éducation militaire, moins apte elle aussi à former des hommes qu'à faire des soldats. Les réformes réalisées dans l'enseignement, sous la troisième République, ont donné raison aux critiques que lui adressait Gaufrès il y a trente ans. D'une part, il n'y a plus guère de gros internats dans les lycées et dans les collèges ; d'autre part, une discipline plus large, plus libérale a remplacé le vieux régime de répression et de contrainte.

On ne s'étonnera donc pas que Gaufrès ait

---

1. Gaufrès n'a jamais varié dans son opinion sur les grands internats. En 1899, dans sa déposition devant la commission d'enquête sur l'enseignement secondaire, il protestait encore contre la tendance à entasser trop d'élèves dans les pensionnats.

2. Élève interne de Louis le Grand vers cette époque, j'y étais inscrit sous le numéro 715.

considéré comme un bonheur l'avortement d'un projet, qui fut quelque temps caressé par ses coreligionnaires, celui de l'établissement d'un grand collège protestant à Paris. Le rêve qu'il caressait, quant à lui, c'était de prendre pour modèles l'Angleterre, l'Amérique, l'Allemagne, les pays protestants, où il n'y a, disait-il, que de vastes externats, autour desquels familles, professeurs, hommes d'étude, se groupent pour offrir à la jeunesse, à côté des ressources d'un enseignement régulier, « les conditions normales de l'éducation ».

Ces « conditions normales », Gaufrès estimait que la vie de famille pouvait seule les garantir complètement aux enfants et aux jeunes gens. « Le foyer, la famille, c'est l'arche sainte. » A cette condition pourtant que la famille soit ce qu'elle doit être. Et il ne se dissimulait pas que, sous plus d'un rapport, les parents manquent à leurs devoirs d'éducateurs, ou bien par ignorance, ou bien par négligence. Il y a d'abord des mères, attentives et consciencieuses sans doute, mais qui ne savent pas comment s'y prendre pour élever leurs enfants. D'autres, absorbées par les plaisirs de la vie mondaine, n'ont pas le temps de s'en occuper. Quant aux pères, les soucis de la lutte pour l'existence, les affaires, les devoirs publics et les fonctions extérieures ne les ramènent souvent au logis que le soir, « fatigués, préoccupés, parfois soucieux et tristes, ne demandant au foyer que repos, détente et gaîté »... Sur combien d'autres points, l'éducation de la famille ne peut-elle pas être en défaut? Gaufrès eût applaudi des deux mains au livre récent, où un philosophe, aimable autant que grave, dénonce ce qu'il appelle « les péchés des parents »[1]. Mais il n'en pensait pas moins que la famille, quand elle peut, quand elle veut, quand elle sait remplir sa tâche, est le berceau naturel, la vraie source féconde de l'éducation morale.

Il est superflu de dire qu'aux yeux de Gaufrès l'éducation morale devait être nécessairement religieuse. A l'action de la famille il donnait comme appui l'action de l'Église.

---

1. Voyez le livre de M. P. F. Thomas, *l'Éducation dans la famille, les péchés des parents*, Paris, 1908.

Mais à l'Église comme à la famille il demandait qu'elle comprît sa mission. Il voulait que l'enseignement religieux ne s'attardât point dans les froides discussions théologiques, qu'il fît œuvre d'édification plus que de raisonnement. Ce qu'il attendait de l'Église, « source bénie de force morale et d'éducation, foyer de lumière et d'enthousiasme », ce n'était pas principalement la révélation des doctrines, des dogmes traditionnels, dont il avouait lui-même que « le fonds d'idée laïque dans lequel baignent aujourd'hui les esprits en rendait malaisée la croyance ». C'était, avant tout, la prédication morale, les beaux exemples de vertu et de sacrifice, la communication du sentiment religieux, qui, pénétrant les consciences, y allume ou y ranime la flamme du devoir et de la vie intérieure. « La principale racine de la vie morale, écrivait-il, est bien celle qui plonge dans le sentiment du divin ». Mais il ne séparait pas ce sentiment de tous les autres ; il ajoutait en effet : « D'autres racines plongent aussi dans des sentiments respectables, quoique d'un ordre moins élevé, et apportent pour leur part à l'âme leur sève nourricière.... L'étude de la nature et de l'histoire, le sentiment du juste et du beau, l'amour de la patrie et de la famille, le dévouement à toutes ces nobles causes, préparent l'éveil de la conscience religieuse. » Allez à la messe, disait Pascal, et vous deviendrez croyant! Nous aimons mieux écouter Gaufrès quand il nous dit : Faites le bien, et vous serez religieux!

Gaufrès critiquait, non sans raison, ce qu'il y a de surabondant, d'excessif dans les matières de notre enseignement secondaire . Sans doute il appliquait lui-même les programmes officiels, et cela avec un succès marqué, dans l'institution qu'il dirigeait. Mais autant qu'il le pouvait, il simplifiait les études; il retranchait le superflu; il choisissait, « au lieu de tout prendre », dans des programmes qu'il jugeait démesurés, au moins pour ceux de ses élèves qu'il ne préparait pas aux examens et aux concours officiels. Désireux de former l'esprit plus que de le bourrer de connaissances indigestes, « qui

---

1. C'est ce qu'il répétait en 1899 devant la Commission d'enquête sur l'enseignement secondaire.

écrasent l'intelligence de l'enfant, ou qui glissent ¡sur elle sans l'atteindre », il usait discrètement de l'instruction proprement dite, qu'il subordonnait toujours avec un soin jaloux à la culture morale. Après Montaigne, il aurait volontiers répété : « Mieux vaut tête bien faite que bien pleine ». Il trouvait des comparaisons ingénieuses pour critiquer la surcharge des programmes et les excès d'une culture intensive : « Gardons-nous d'imiter le paysan qui, assis à une table d'hôte, se croirait volé s'il ne mangeait pas de tout. » Et encore : « Défions-nous d'un système d'instruction qui traite l'enfant comme un petit propriétaire traiterait son champ, s'il voulait en tirer à la fois, et la même année, tous les genres de récolte : blé, vin, huile, foin ; moyen infaillible de se ruiner ! »

Gaufrès ne cachait pas sa prédilection pour l'instruction anglo-saxonne, qu'il jugeait « plus mesurée, plus pratique que la nôtre ». Il inclinait naturellement à préférer en toutes choses les institutions et les mœurs des pays protestants,[1] et peut-être ne se défendait-il

---

1. Quand on sait quelle était la sincérité, la vigueur de la foi

pas toujours sur ce point d'un peu de partialité. Mais comment ne pas lui donner en partie raison, lorqu'il affirmait que « si les écoles d'Angleterre et d'Allemagne sont supérieures aux nôtres, la cause n'en est pas seulement dans l'organisation scolaire de ces deux pays, mais dans les manières de penser et d'agir que la religion y a établies ». C'est particulièrement pour former les caractères, pour exercer les vertus viriles, la vigueur de la conscience, l'énergie de la volonté, que Gaufrès comptait sur l'esprit de la Réforme, sur les principes d'une religion qui fait appel à la conscience individuelle, et qui développe le sens personnel. La faiblesse des caractères était à ses yeux le grand mal dont souffrait la France. Il analysait finement les

---

protestante qui animait Gaufrès, on ne peut être surpris qu'il ne se soit pas défendu d'une certaine faveur partiale à l'endroit du protestantisme, et de quelque exagération sur son rôle historique. Par exemple, il écrit : « C'est le protestantisme qui a conquis à notre patrie la liberté de conscience.... » Il y a contribué certes, — ce n'est pas nous qui le contesterons — non moins par sa résistance aux persécutions que par ses principes essentiels. Mais on nous accordera que la philosophie et la Révolution sont bien aussi pour quelque chose dans l'affranchissement de la pensée moderne.

causes qui expliquent cette infériorité. Il en rendait responsable d'abord la multiplicité des études qui encombrent l'enseignement public, et son caractère trop abstrait; ensuite l'uniformité d'une instruction qui ne sait pas encourager les goûts individuels, favoriser les initiatives. Il blâmait une éducation qui, au lycée, comme dans la famille, néglige d'exercer la volonté, qui, ou bien l'endort par l'excès de la sollicitude, par la délica esse des soins infinis, ou bien l'énerve et la brise par une discipline rigoureuse, ennemie de toute indépendance et de toute originalité. Il dénonçait l'invasion de l'esprit critique, qui affine l'esprit, mais émousse le caractère et dissout les énergies morales ; la profusion des idées, « inconstantes et fugitives comme des nuées d'oiseaux », qui amusent l'intelligence au lieu de la nourrir, qui détrempent la volonté au lieu de la fortifier ; enfin, il s'en prenait à l'état général d'une société où il y a trop de fonctionnaires et trop de militaires, s'il est vrai que « ni la bureaucratie ni la caserne ne sont des écoles d'indépendance ».

Voilà de quelle façon Gaufrès croyait pouvoir expliquer l'effacement, l'affaissement des caractères dans notre pays, et c'est au relèvement des caractères qu'il a travaillé toute sa vie. Dès 1855, dans une communication à la *Société de l'histoire du protestantisme français*, il disait déjà : « On se plaint partout de l'affaiblissement des caractères, de l'épuisement de la force morale ; les meilleurs eux-mêmes ne sont pas à l'abri de la contagion. » En avril 1899, il écrivait dans le *Manuel général de l'instruction publique* : « Le point essentiel en éducation, ce n'est pas le savoir : instruire les jeunes gens, ce n'est que l'accessoire, le moyen ; le but, c'est de les former. »

CHAPITRE III

LE PATRIOTE ET LE PROTESTANT LIBÉRAL
(1870 et 1872)

I

Préoccupations patriotiques de Gaufrès. — Les événements de 1870 et 1871. — Collaboration au journal *Renaissance* ; articles intitulés : *Ce qui perd la France.* — Jugement sévère sur le caractère français. — L'égoïsme de la bourgeoisie. — Quels étaient aux yeux de Gaufrès les moyens possibles de relèvement ? — Réforme générale des trois degrés d'instruction. — Appel aux initiatives individuelles.

Déjà, dans les *Lettres sur l'Éducation*, Gaufrès laissait voir à quel point il se préoccupait de l'avenir de son pays et de l'état moral de la France. Il en était visiblement alarmé. Mais la prospérité apparente de l'Empire, dans les années qui précédèrent la guerre avec l'Allemagne, jetait encore un voile trompeur sur les défauts de l'âme nationale, et les cachait en partie aux yeux les plus clairvoyants. Les commotions de 1870 et de 1871 les mirent brutalement à nu. Ce fut comme un éclair d'orage qui, brillant dans l'obscurité, découvre et dévoile toutes les laideurs que peut recéler le site qu'il illumine. On vit alors apparaître au grand jour, dans certaines couches de la société française, les plus affligeantes misères morales : l'irréflexion, la légèreté, les folles ambitions, le goût des plus extravagantes utopies. Et d'autre part, on assista à l'explosion des haines, des violences sauvages, des passions exaltées du fanatisme politique. Ce spectacle troubla profondément Gaufrès. Les horreurs de la guerre civile l'affligèrent plus encore peut-être que les humiliations de la guerre étrangère. Et il nous a fait part de ses impressions dans des articles émus et émouvants, qu'il intitulait d'un mot cruel : *Ce qui perd la France*, et où il laissait libre cours à sa douleur indignée et à sa colère.

Composés en présence même des événements et publiés dans un journal de Paris, *Renaissance*, en mai et en avril 1871, ces articles sont d'un tout autre ton que la plupart des écrits de Gaufrès. Autant il est d'habitude mesuré et calme, autant il se montre ici ardent, emporté, virulent. C'est un autre homme qui parle ; ce n'est pas seulement par les idées qu'il exprime, c'est aussi par le ton et l'accent de ses phrases qu'il laisse voir l'agitation de son âme. L'angoisse patriotique qui l'étreint secoue et fouette sa pensée ; elle enflamme son style. Tant qu'on put croire à un retour de fortune et espérer le triomphe final de la France, ce fut une surexcitation fière qui transportait Gaufrès et tous les bons citoyens de Paris. « Nous avions, disait-il plus tard à un membre de sa famille, nous avions le tempérament héroïque... » Et il fallait bien qu'un vent de passion fût passé dans les âmes pour qu'un chef de famille tel que Gaufrès ajoutât : « Une balle en travers du corps eût été la bienvenue ! » On a parlé souvent de cette frénésie mentale qui caractérisa l'année terrible et qu'on a appelée « la folie du siège ». Certes ce délire patriotique n'atteignit jamais l'esprit pondéré, le solide bon sens de Gaufrès : mais il y a pourtant dans les pages qu'il écrivit alors, sous le coup des événements qui se déroulaient devant lui, quelques traces de fièvre et les signes d'une sorte d'ébranlement nerveux.

De là l'exagération de quelques-uns des jugements qu'il portait sur le caractère de ses compatriotes. Leur bavardage l'irrite et l'agace : « Qui retirerait sa langue au Français, ne lui laisserait pas grand'chose!.. Tout chez nous peut s'affirmer et s'établir, même ce qui est raisonnable, surtout ce qui ne l'est pas; et rien ne saurait durer... L'esprit critique est un bélier qui bat continuelllement en brèche tout ce qui subsiste encore dans notre malheureux pays, et qui en pulvérise tellement les ruines qu'elles ne peuvent plus s'utiliser pour une véritable reconstruction. Serions-nous, comme on le dit quelquefois, un peuple d'enfants?... Tous les Français sont fanatiques... Notre mal chronique, aggravé de génération en génération, et devenu, sous nos yeux, si intense, semble nous conduire inévitablement à la mort. »

Paroles dures, vraiment excessives, qui trahissent une sorte de désespérance, causée

par les malheurs du temps…. Activement
mêlé à la défense de Paris, Gaufrès assistait
aux réunions publiques; il en sortait navré de
tout ce qu'il y entendait débiter de folies.
D'autre part, dans les conversations qu'il
recueillait pendant qu'il faisait son service
de garde national, il trouvait de nouveaux
sujets d'émoi. « J'ai, je ne sais combien de
fois, passé aux remparts vingt-sept heures de
suite, avec une centaine de compagnons
d'armes. Le spectacle était parfois étrange et
lugubre. Sous un ciel rougi la nuit par le
feu des aurores boréales ou les incendies de
Saint-Cloud, l'ennemi d'un côté se cachait
menaçant; de l'autre, — du côté de la grande
ville assiégée, — s'élevait le murmure des
discussions et des mouvements des gardes
nationaux, trop souvent avinés. Mais rien
n'égalait l'impression qui résultait de leurs
bizarres discours. Les assertions les plus bur-
lesques, les plus incohérentes, se croisaient
dans tous les sens, soutenues avec un achar-
nement fébrile; les questions les plus graves
et les plus complexes étaient tranchées en
deux mots, qu'appuyait au besoin la plai-

santerie ou la menace ; et jamais un éclair de bon sens, de sagesse, de véritable lucidité dans ce cauchemar collectif!... »

Gaufrès fut donc le témoin attristé, et le juge sévère, des désordres de l'année 1871. Il lui fallait d'ailleurs quelque courage, en face de la Commune triomphante, pour protester publiquement, comme il le faisait, contre « son horrible fanatisme », contre ses « programmes insensés ». — « Qu'on jette de l'eau froide, s'écriait-il, sur ces têtes volcanisées. » Il savait d'ailleurs, comme son ami Pécaut, faire la part des diverses responsabilités qui avaient contribué à préparer nos catastrophes civiles. En mai 1871, Pécaut écrivait : « Nous sommes tous pour quelque chose dans ce monstrueux égarement de quelques-uns de nos concitoyens ». Et il reprochait à la bourgeoisie française « son égoïsme imprévoyant, son goût de la vie facile, son oubli des conditions supérieures de la solidarité sociale et nationale ». — « Ouvriers et bourgeois, ajoutait-il, nous nous sommes trouvés, au jour des grandes épreuves, incapables de nous comprendre, séparés par un abîme d'igno—

rances, de sophismes et de haines. » C'est le même langage que tenait Gaufrès, pour expliquer les violences et les crimes de la Commune : « Les classes sociales se sont de plus en plus isolées l'une de l'autre, et, chacune suivant sa logique exclusive, le mal est aujourd'hui parvenu à son paroxysme. La bourgeoisie n'a poursuivi que son bien-être, et a perdu presque toute son influence. Elle a renouvelé les fautes de la noblesse, en oubliant que le seul moyen de conserver un privilège est de le consacrer à l'intérêt commun.... »

Mais Gaufrès n'était pas homme à se laisser longtemps abattre ni envahir par le découragement. Sans doute il craignait bien que certains défauts de l'esprit français, peut-être incurables, ne survécussent à la crise que le pays traversait : particulièrement ce qu'il appelait l'*absolutisme* d'esprit, ou le *radicalisme*[1], c'est-à-dire la foi aveugle et violente à des idées exclusives, le dédain de l'expérience.

---

1. On voit dans quel sens Gaufrès employait le mot de « radicalisme ». Il ne visait nullement un parti politique ; il s'attaquait à une tendance d'esprit, celle de la logique à outrance.

Il rappelait à ce propos les sévères paroles de Mirabeau : « Il semble que nous
ayons résolu d'être jusqu'à la consommation
des siècles des enfants, quelquefois mutins,
et toujours esclaves. » Oui, toujours esclaves,
soit des préjugés traditionnels, soit des illu-
sions révolutionnaires ! Gaufrès dans le même
sens a écrit ailleurs : « Il y a eu presque toujours en France deux partis également insensés et également coupables : celui du maintien à outrance de tous les abus, et celui de
la destruction à outrance de tout le passé. Il
est temps qu'ils disparaissent l'un et l'autre,
devant le parti national du relèvement par les
mœurs. »

Gaufrès croyait ce relèvement possible.
Après avoir dit avec tristesse ce qui perdait la
France, il exposait avec force ce qui pouvait
la sauver. Il rappelait combien de fois déjà
notre pays, avec son inépuisable vitalité,
s'était relevé des pires désastres. Il voyait le
salut, d'abord, dans le développement des
lumières ; et il traçait tout un plan de réformes
pour les trois degrés de l'enseignement, devan-
çant ainsi dans ses prévisions l'œuvre scolaire

de la troisième république. A l'enseignement supérieur il demandait de renoncer « aux tirades de l'éloquence », pour se vouer aux recherches scientifiques, à la propagation des vraies méthodes, à la distribution du savoir ; et sur ce point la création des Universités et la nouvelle orientation du travail dans les Facultés lui ont donné satisfaction. A l'enseignement secondaire il rappelait de nouveau que ses méthodes abusaient du formalisme, « qu'elles éloignaient l'enfant de la réalité, dont elles devraient au contraire l'abreuver et le nourrir » ; et de ce côté aussi les modifications apportées à l'organisation des études dans les lycées ont répondu aux vœux de Gaufrès. Enfin, et surtout, pour améliorer l'esprit public, il comptait sur les progrès de l'instruction primaire, qu'il rêvait déjà d'affranchir de la tutelle du clergé, et à laquelle il proposait un programme élargi, où une grande place serait faite à l'enseignement de l'histoire, de la géographie, des sciences de la nature. N'était-ce pas d'avance esquisser le plan de l'école nouvelle, telle que l'ont organisée les lois républicaines?

Mais ce n'est pas seulement sur une refonte générale et complète de l'enseignement public que Gaufrès fondait l'espoir d'une régénération sociale. C'est aux efforts individuels, aux initiatives privées de tous les hommes de bonne volonté, qu'il faisait appel pour concourir à l'œuvre de rénovation. Il rêvait la fondation d'une grande *Ligue des mœurs républicaines;* et il préludait ainsi dans ses projets à l'œuvre effective de propagande morale, à laquelle il devait lui-même se dévouer plus tard, avec une si merveilleuse et si féconde activité.

II

La foi religieuse de Gaufrès. — Son esprit de tolérance. — Sa participation au Synode de 1872. — Les *Lettres au Synode.* — Les *Discours prononcés au Synode.* — Gaufrès prend nettement parti pour le protestantisme libéral. — Ses efforts de conciliation entre les orthodoxes et les libéraux. — Quelque tendance au pessimisme. — Déclaration de foi présentée au Synode.

Gaufrès était de ceux qui ne savent pas faire leur devoir à demi, et qui s'emploient de toute leur âme à la tâche qu'ils ont entreprise. C'est pourquoi, de 1852 à 1883, il a

été avant tout un chef d'institution, presque
uniquement absorbé par ses élèves. Mais il
était aussi, avec sa puissance de travail, un de
ces hommes qui ne se laissent pas accaparer
tout entiers par leur profession ou leurs
affaires, et qui, n'accordant presque rien aux
distractions et aux plaisirs, ne se permettant
pas une heure de désœuvrement ou de dissi-
pation, trouvent du temps pour tout, et ne se
désintéressent, ni des destinées de leur pays,
ni, quand ils sont croyants, du sort de la religion à laquelle ils appartiennent. C'est dire
que, malgré la lourdeur de ses occupations
scolaires, Gaufrès n'a jamais cessé d'être un
citoyen actif, et aussi un membre militant
de l'Église dont il avait failli être un des pasteurs. Et il l'a prouvé notamment par sa participation courageuse aux délibérations du
Synode national de 1872, où il siégea en
qualité de délégué de la Ve circonscription.

Gaufrès a été jusqu'à son dernier soupir
un protestant fidèle, un chrétien convaincu
et ardent. Si, dans la liberté de son sens
propre, il avait écarté de sa foi personnelle
certains points du Credo orthodoxe, il n'a

jamais pourtant rompu avec son Église ; il n'a même jamais cessé de fréquenter le culte. Et l'écart qui pouvait exister entre ses opinions et celles des orthodoxes ne l'a jamais empêché, dans son large esprit de tolérance, de respecter et d'aimer ceux de ses frères qui ne pensaient pas tout à fait comme lui. Sans doute les idées confessionnelles avaient à ses yeux, par elles-mêmes, leur valeur propre. Mais ce n'est pas seulement d'après elles qu'il appréciait et jugeait ses semblables : c'était surtout d'après leurs croyances morales et leurs vertus sociales. Il admirait l'élan religieux, sous quelque forme doctrinale qu'il se présentât. Ainsi, dans un des discours qu'il prononça au Synode de 1872, nous lisons une page éloquente, où il témoignait de son respect et de son admiration pour les chrétiens orthodoxes, pour ceux particulièrement qui, au temps du *Réveil*, dévorés de zèle pour le triomphe de l'Église, « allaient prêcher l'Évangile, partout où ils étaient appelés à le faire, avec l'appui des consistoires parfois, mais souvent aussi sans leur assentiment, et même malgré eux ».

On sait quelle fut l'importance du Synode national tenu, en 1872, à Paris. Les deux courants qui divisaient l'Église protestante s'y rencontrèrent et s'y entrechoquèrent. On y vit aux prises, dans des discusions des plus vives, les conservateurs et les libéraux : d'une part, ceux qui voulaient maintenir l'unité, l'uniformité de la foi, le dogme immuable ; d'autre part, les amis de la liberté, qui ne consentaient point à se soumettre à une confession de foi fixe et immobile, et que n'effrayaient point certaines dissidences de doctrine. Gaufrès était de ces derniers.

Dans les *Lettres* qu'il adressa au Synode, avant la réunion de ce concile protestant, dans les *Discours* qu'il prononça devant l'assemblée[1], on sent frissonner l'ardeur d'un cœur religieux qu'affligeaient les divisions de son Église. On y sent aussi le désir passionné d'apaiser les querelles, de rétablir la paix, de maintenir l'union des âmes en dépit des divergences de croyances, la ferme volonté enfin de réconcilier les partis opposés sous la

---

1. Voyez les deux brochures que Gaufrès publia en 1873 : *Lettres au Synode, Discours prononcés au Synode de 1872.*

bannière d'un christianisme tolérant et large. Si Gaufrès s'y exprimait avec dureté sur le compte du fameux Concile du Vatican, d'où était sorti le *Syllabus*, et d'où il disait qu'on y avait sanctionné « des nouveautés sourdement préparées par l'intrigue et par le fanatisme », il avait aussi des paroles sévères pour ses propres coreligionnaires, pour tous ceux du moins qui s'opposaient au triomphe des idées libérales dont il s'était fait le champion. Gaufrès n'a jamais été un complaisant, ni un flatteur. Et c'est avec une robuste franchise que, s'adressant à ceux qu'il appelait « Messieurs et très honorés frères », il proclamait les maux qu'il voulait guérir, les périls qu'il voulait conjurer.

Gaufrès ne se dissimulait nullement l'affaiblissement du zèle religieux au sein de l'Église protestante. Tristement, il constatait l'abandon trop fréquent de la pratique du culte. « On n'a pas abjuré la foi, écrivait-il ; mais on déserte le temple. Le cercle des fidèles va se rétrécissant de plus en plus : telle la ronde des femmes de Souli, dont une, à chaque tour, se précipite dans l'abîme !... » Alors que, dans sa jeunesse, il avait fait lui-même de si heureux efforts pour ramener à la fréquentation du service religieux, dans un temple de village, les négligents et les indifférents, il s'étonnait que la prédication de ceux dont il avait été un moment le collègue ne sût pas obtenir plus de succès. Et à un autre point de vue, avec quelque rudesse, mais avec l'autorité d'un éducateur de profession, regrettant que son propre exemple n'eût pas été suivi, il se plaignait que « les populations protestantes eussent perdu le secret de l'éducation religieuse ». — « Elles n'ont rien su fonder, disait-il, ni au degré primaire, ni au degré secondaire, pour remédier à la déplorable insuffisance de l'éducation publique au point de vue moral. »

Enclin à quelque pessimisme, en matière religieuse comme en matière sociale, Gaufrès traçait donc un tableau plutôt sombre de la situation de l'Église protestante. La considération de l'avenir lui faisait éprouver « un profond sentiment d'anxiété ». — « Il faut l'avouer, quoi qu'il puisse y avoir dans cet aveu de douleur et de honte, nul idéal ne domine plus notre vie.... Nous avons presque cessé d'être chrétiens. L'Église tombe de toutes parts en dissolution et en ruine. »

Qu'il y ait eu de l'exagération, et une exagération un peu âpre, dans le langage de Gaufrès, quand il osait dire à ses coreligionnaires d'aussi dures vérités, nous n'en disconviendrons pas. Mais n'est-on pas toujours porté à exagérer, — et n'en est-on pas excusable? — quand on a observé un symptôme d'affaiblissement aussi bien dans la santé des personnes qui nous sont chères que dans l'état d'une institution, dont la prospérité nous tient passionnément à cœur? Si l'honnête homme en Gaufrès, épris d'un idéal de pureté, se désolait, peut-être avec excès, au spectacle des mœurs présentes, si le patriote de 1870 avait été violemment ébranlé par les malheurs et les humiliations de la patrie, jusqu'à croire la France perdue, l'homme de foi tremblait aussi à la perspective d'une Église en décadence, affaiblie par le ralentissement de la croyance, et déchirée en outre par des discordes intestines.

Ce qui en effet contristait Gaufrès par-dessus tout, c'étaient les divisions, les querelles où le protestantisme se laissait entraîner de plus en plus, « le degré d'exaspération auquel elles étaient parvenues »; c'était la menace croissante d'une séparation et d'un schisme entre les fractions opposées. Plus attaché lui-même à l'esprit qu'à la lettre de la religion, il jugeait funestes les discussions purement théologiques, où il s'agissait, soit d'accepter, soit de repousser, tel ou tel point du dogme : « C'était, disait-il, transformer un débat religieux en une lutte vulgaire, assez digne du Bas-Empire. » Cet état de lutte lui semblait justifier les pires inquiétudes sur l'avenir du protestantisme français. « Nous sommes, répétait-il, dans une situation grave et complexe. Notre Église traverse une crise périlleuse. Le présent est obscur, l'avenir incertain. » Mais, malgré tout, il se reprenait à espérer, à entrevoir l'avènement d'une ère de conciliation et de paix; et tout pénétré encore des souvenirs de l'année terrible, patriote autant que chrétien, il s'écriait éloquemment : « Ce serait vraiment trop de douleur pour un cœur d'homme que d'avoir à redouter, en deux ans, la double ruine de sa patrie et de son Église! »

Au sein du Synode même, la division s'accentua : la lutte fut vive, la discussion ardente, entre la gauche et la droite de l'assemblée. Gaufrès y prit nettement position. Aux orthodoxes qui ne voulaient faire aucune concession, il répliqua avec vigueur, parfois avec un emportement qui témoignait de la vivacité de ses convictions personnelles. Ce n'est pas sans protestations et sans murmures que ses adversaires lui entendirent prononcer des paroles comme celles-ci : « Il n'est question dans vos délibérations que de l'Église, des fêtes et des sacrements de l'Église, de la foi de l'Église, des droits de l'Église. et même des fonctionnaires de l'Église, par où l'on entend les pasteurs. Et je me demande d'où vient que ce mot d'Église se retrouve sur toutes les lèvres et remplit tous les discours; s'il n'y a pas là l'indice certain et redoutable de notre infidélité à l'esprit protestant... En insistant avec cette abondance sur l'idée de l'Église, vous faites, sans le savoir, du catholicisme.... »

Pour lui-même, pour le parti dont il était

l'organe, Gaufrès ne demandait que « tolérance et sympathie ». Il ne songeait nullement à imposer aux autres sa manière de voir, à devenir ce que Duplessis-Mornay avait été au xvı^e siècle, « un pape des huguenots ». Il réclamait simplement le droit de penser librement sur certains points, tout en restant un fils de l'Église. Il était dans l'Église protestante ce que sont aujourd'hui dans l'Église catholique ceux qu'on appelle les « modernistes », ceux qui veulent rester chrétiens, tout en retranchant de leur foi une partie des croyances traditionnelles.

C'est ce qu'il déclara sans ambages dans une belle profession de foi, qu'il présenta au Synode en son nom propre et au nom de vingt-huit de ses collègues qui la signèrent avec lui. Parmi les signataires, on relève les noms, célèbres ou connus, des représentants les plus éminents du protestantisme libéral : Colani, les Coquerel, Denfert-Rochereau, Martin Paschoud, Fontanès, Clamageran, J. Steeg, Félix Pécaut, etc. Gaufrès, dans ce manifeste, qu'il avait pris soin de rédiger lui-même, était donc entouré d'une brillante cohorte de libres croyants, qui s'associaient à ses sentiments de religion indépendante et libre, et qui, précisément parce qu'ils restaient fidèles à l'esprit de l'Église réformée, revendiquaient fièrement les droits de leur responsabilité personnelle et de leur liberté de conscience. Nous citerons presque en entier cette noble déclaration, que l'homme dont on a dit qu' « il aimait à se compromettre », opposait avec une entière franchise aux exigences intolérantes de l'orthodoxie.

« Appelés, disait-il, à représenter au Synode général un grand nombre de nos frères, nous leur devons de déclarer dans cette assemblée ce que nous voulons et ce que nous sommes.

» Nous appartenons à la partie libérale de l'Église réformée de France.

» Fidèles à ses principes, nous usons de la liberté, commune à tous ses enfants, d'être chrétiens selon nos persuasions intérieures, sous notre seule responsabilité. La foi qui nous unit à Dieu étant le bien suprême, la règle de notre vie et de nos résolutions ne peut dépendre que de Dieu seul. Nulle volonté humaine, ou isolée, ou collective, ne peut dominer nos consciences, nous dicter des devoirs ou des pensées dont nous avons seuls à répondre.

» En nous transmettant l'héritage de cette liberté, nos grands Réformateurs nous ont enseigné à chercher dans les Saintes-Écritures la pure connaissance de l'Évangile....

» Mais ce n'est pas pour nous seuls que brille la lumière de l'Évangile : c'est pour tous les frères dont Dieu nous a entourés. Nous leur devons et voulons leur donner, conformément à nos meilleures traditions, l'exemple de la piété austère, de l'énergie morale, des vertus domestiques, du dévouement au bien de tous, et du zèle pour le progrès moral, qui dérive du christianisme et qui y ramène : obligation d'autant plus sacrée, que les maux de notre patrie appellent en ce moment tous les efforts et tous les sacrifices.

» Pour rendre ce dévouement plus efficace, et pour conserver l'esprit d'union si souvent invoqué par nos pères, nous désirons continuer à ne former qu'une Société religieuse avec nos frères Réformés... Assez de divisions et de schismes ont affligé l'Église, qui ne devrait être qu'un seul troupeau sous la conduite d'un seul pasteur. Mais l'union protestante n'exclut pas des diversités, même graves, entre des frères ou des groupes de frères ; et, en effet, de telles diversités existent entre nous. Il n'est pas à craindre toutefois qu'elles compromettent l'unité d'une Église où, sous les auspices de la même liberté, ils puisent tous à la même source de lumière, la Bible, y trouvent le même maître, Jésus-Christ, le même père, Dieu, qui les appelle à la même espérance : la vie éternelle, et à la même vocation morale : l'affranchissement du péché, la perfection de la charité et de la justice. »

Nous avons reproduit textuellement cette profession de foi, parce que Gaufrès s'y révèle à nous avec une courageuse sincérité. Il est là vraiment tout entier : plus moraliste que théologien ; très désireux de ne pas rompre les liens qui l'attachaient à l'Église, de ne pas briser l'unité confessionnelle, mais non moins soucieux de sauvegarder pour chacun le droit d'interpréter la Bible à la lumière de la raison, « selon ses persuasions intérieures »; moins préoccupé du dogme que de la vie morale puisée aux sources religieuses; chrétien enfin, mais chrétien libéral, qui n'admettait pas qu'une confession de foi unique dût être impérativement imposée, comme loi de l'Église, à tous les fidèles.

Dans ses *Lettres sur l'éducation*, Gaufrès avait déjà exposé comment il entendait le protestantisme : non pas comme l'assujettissement de la conscience à des dogmes immuables, à une autorité quelconque, mais comme l'adhésion libre à des croyances personnelles, fondées sur le libre examen. Les dissentiments d'opinion, par suite les divergences théoriques, ne lui paraissaient nullement incompatibles avec l'union morale des volontés et des cœurs. Il ne voulait pas d'intermédiaire entre la conscience individuelle et Dieu[1] : « Dieu sensible au cœur et parlant par la cons-

---

1. Notons pourtant que Gaufrès parle ailleurs de « l'union à Dieu par Christ », par celui qu'il appelle « le Maître », et dont il dit dans un autre passage : « A part le « Fils de Dieu », jamais homme n'a présenté au monde la vérité pure et sans mélange. »

cience, tel est à mes yeux le point vivant de la foi protestante. » — « Il n'est rien de plus sacré que la conscience, de plus inviolable que son libre rapport avec Dieu. » Et de ce principe fondamental il déduisait des conséquences qu'il formulait ainsi : « le gouvernement de l'homme par lui-même sous sa propre responsabilité, et des sociétés par elles-mêmes ; nul joug sur la pensée, nul sacerdoce, ou, ce qui revient au même, le sacerdoce universel des croyants. » Dans le même sens il disait encore : « L'Église, c'est nous tous. »

Telle fut l'attitude de Gaufrès au Synode de 1872. Mais Gaufrès et ses amis n'étaient dans cette assemblée qu'une minorité. Le but qu'il rêvait ne fut pas atteint. Il avait tenu sans succès le rôle d'un conciliateur. Le Synode aboutit, sinon à un schisme, du moins à une scission ; et certainement le spectacle des divisions qui continuèrent, malgré ses efforts, à séparer en deux camps les fidèles du protestantisme, a été un des plus grands chagrins de la vie de Gaufrès.

———

CHAPITRE IV

GAUFRÈS AU CONSEIL MUNICIPAL (1884-1893)

Comment Gaufrès s'était signalé à l'attention des électeurs des Batignolles. — Son élection au Conseil municipal de Paris, en 1884. — Son assiduité aux séances. — Sa participation active aux travaux du Conseil. — Sa modération. — Son indépendance. — Sympathies respectueuses de ses collègues. — Son autorité morale. — Il est appelé à la vice-présidence du Conseil. — Qu'il s'occupait surtout de questions scolaires. — Sa prédilection pour l'enseignement primaire supérieur. — La législation nouvelle de l'enseignement primaire; critiques et éloges. — Sollicitude de Gaufrès pour les instituteurs; — plus grande encore pour les élèves. — L'éducation professionnelle. — Insuffisance du nombre des écoles. — Les anormaux. — Les fêtes scolaires et les distributions de prix. — Un discours à l'école J.-B. Say. La coéducation des sexes. — Autres questions scolaires. — Le rôle de Gaufrès au Conseil municipal apprécié par M. Mesureur.

Pendant les longues années qu'il dirigea l'Institution Duplessis-Mornay, Gaufrès, nous l'avons dit, ne se laissait guère détourner de ses fonctions scolaires, étant avant tout préoccupé de justifier la confiance des familles qui lui donnaient leurs enfants à élever. Mais il s'était cependant signalé à l'attention de ses concitoyens, dans le quartier des Batignolles, par des œuvres d'un autre ordre. En 1870, il n'avait pas fait seulement son devoir militaire devant l'ennemi, en participant, dans la mesure de ses forces, aux fatigues et aux périls de la défense de Paris : il avait organisé des « fourneaux économiques », pour soulager les misères du siège. Et quand la tempête fut apaisée, il songea aux pauvres orphelins que la guerre étrangère et la guerre civile avaient privés de leurs tuteurs naturels : il fonda l'*Orphelinat de la Seine*[1], accueillant dans sa maison quelques pauvres enfants abandonnés, et s'essayant ainsi à cette activité sociale, à ce zèle philanthropique dont il devait donner tant d'autres preuves éclatantes.

Le modeste chef d'institution s'était donc créé des titres à la reconnaissance publique. On l'estimait ; on le respectait ; on voyait en

---

1. Voyez plus loin, ch. VII.

lui un homme de dévouement et de charité ; on n'oubliait pas qu'en 1864, pendant une épidémie de choléra, il allait lui-même visiter les malades, pour leur distribuer et leur administrer des médicaments. Il jouissait donc d'une popularité de bon aloi, et ce fut par un mouvement spontané d'opinion que les électeurs du xviiie l'appelèrent, en 1884, à les représenter au Conseil municipal et par suite au Conseil général de la Seine[1]. Il y tint dignement sa place. Il sut s'y faire remarquer et mériter l'estime et la sympathie de ses collègues, sans distinction d'opinion. Il reçut le témoignage de ces sentiments, quand il fut appelé par le vote de l'assemblée municipale à occuper le fauteuil de vice-président. Un témoignage d'un autre genre, mais non moins significatif, c'est le surnom qu'on se plaisait familièrement à lui donner quand on l'appelait « Gaufrès le pur ».

Ce qu'il faut louer d'abord chez le con-

---

1. « Gaufrès inspirait naturellement le respect, la confiance et l'affection : il ne faut donc pas s'étonner que lui, qui était le moins intrigant des hommes, ait été nommé et renommé conseiller municipal de son quartier. » (*Discours* du Dr Albert Mathieu, président de la Société de l'Orphelinat de la Seine, Paris, 1905).

seiller municipal que fut Gaufrès, c'est qu'il donnait un exemple constant d'assiduité. Pendant les neuf ans qu'il exerça son mandat, bien rares sont les séances où le procès-verbal le porte comme absent et excusé. Mais il ne se contentait pas d'assister aux délibérations du Conseil : il y participait activement. Sans être un de ces conseillers bavards et encombrants, comme il s'en rencontre dans toutes les assemblées, qui prennent la parole à tout propos, qui ont une opinion à émettre sur toutes choses, il savait intervenir dans les débats toutes les fois que cela lui paraissait nécessaire. En une seule année, en 1890, le *Bulletin municipal* mentionne plus de 120 fois son nom, à l'occasion soit d'un rapport dont il donnait lecture, soit d'une motion dont lui appartenait l'initiative, soit d'une discussion générale dans laquelle il prenait parti, en donnant les raisons de son opinion [1].

Ses avis étaient toujours pondérés, em-

---

1. Nous devons sur ce point des remerciements particuliers à M. Boitel, directeur de l'École Turgot, qui a bien voulu nous indiquer à quelles pages du *Bulletin municipal officiel de la ville de Paris* figuraient les discours ou les interventions de Gaufrès. Cela a singulièrement facilité nos recherches.

preints de modération, mais nettement for-
mulés, avec force et décision. Il était bref en
général; plus d'une fois pourtant il lui arriva
de faire de longs discours. M. Raoul Allier
a raconté qu'il avait assisté un jour à une
séance du Conseil municipal, où Gaufrès avait
pris la parole. On discutait le rapport Richard
sur la police des mœurs, et sur les questions délicates qui s'y rattachent. Gaufrès,
abolitionniste déclaré, ne pouvait admettre
la tolérance officielle accordée aux maisons
de vice. Il en demandait formellement la
suppression, considérant comme indigne d'un
État civilisé qu'il autorisât le maintien de
ces lieux de débauche, où sont misérable-
ment renfermées des malheureuses qu'il
appelait les « serves de l'infamie ».

M. Raoul Allier résume ainsi les impressions qu'il éprouva en écoutant l'orateur :
« Sans phrases oratoires, avec une simplicité
émue, Gaufrès rappela à ses collègues les
principes essentiels de la moralité publique.
S'il ne parvint pas à faire triompher ses conclusions, du moins il imposa le respect à ses
contradicteurs. C'était beau et bienfaisant ! »

Ce qu'il faut apprécier aussi dans l'attitude de Gaufrès au Conseil municipal de Paris et au Conseil général de la Seine, c'est son indépendance. Ardemment républicain, mais, dans son ferme bons sens, ennemi de toute exagération, il ne marchait pas avec les avancés, et il siégeait parmi les modérés de l'assemblée. Il n'était, à vrai dire, inféodé à aucun parti ; car il lui arrivait de voter, tantôt avec la droite, tantôt avec la gauche du Conseil, ne recevant de mot d'ordre de personne, et ne se déterminant que d'après sa conscience.

Il ne craignait pas, par exemple, d'adresser des remontrances à ses collègues, quand la majorité émettait un vœu en faveur des condamnés pour faits de grève. « A quoi bon, leur disait-il, énoncer des vœux inutiles, qui sont toujours annulés par le gouvernement, et qui n'ont d'autre résultat que de troubler et d'agiter l'assemblée ? » Et abordant la question au fond, il ajoutait : « Je ne suis pas opposé personnellement aux idées d'amnistie et de paix, mais ces questions ne doivent pas être discutées ici. »

Gaufrès aurait désiré que les Conseils dont il faisait partie, renonçant à toute vaine discussion de politique pure, n'eussent d'autre souci que celui de bien gérer les affaires communales et départementales. Le 17 mars 1890, lorsque, à l'occasion d'une session du Conseil général, le président Paul Viguier, après avoir déclaré qu' « il s'abstiendrait de tout discours sur l'orientation résolument républicaine que le pays attendait du gouvernement », concluait et disait : « Mettons-nous tout de suite aux affaires! » un seul *Très Bien! Très Bien!* salua cette allocution. C'était Gaufrès qui applaudissait.

« Mon tempérament ne me porte pas à l'opposition », disait-il, et il se montrait en effet très déférent envers l'administration préfectorale. Mais il savait cependant à l'occasion exprimer ses griefs et se ranger parmi les opposants. C'est ainsi que, dans une autre séance, il protestait avec vivacité contre l'intention qu'on attribuait au Préfet de la Seine de vouloir refuser aux conseillers la communication de certains dossiers : « *Amicus præfectus, sed magis amica* civitas! »

S'il était attentif à tous les intérêts, à toutes les questions dont le Conseil avait à s'inquiéter, même aux questions de pavage et d'alignement, c'est pourtant aux affaires scolaires que Gaufrès se consacrait spécialement. Il était le rapporteur ordinaire de la quatrième Commission, celle de l'Enseignement et des Beaux-Arts.

C'était d'abord la broutille banale des menus rapports sur les attributions de bourses dans les écoles, dans les collèges municipaux, dans les Facultés, sur les subventions aux Sociétés d'enseignement. Mais c'étaient aussi des rapports étendus et très étudiés sur des questions générales, où le nouveau conseiller municipal faisait montre de sa longue expérience scolaire. Le Président du Conseil, M. Sauton, lors de la distribution des prix du collège Chaptal, en juillet 1892, le louait publiquement « du dévouement qu'il mettait à faire profiter les écoles municipales de son expérience de pédagogue[1] ».

Gaufrès était au Conseil le rapporteur ordi-

---

1. Voir le *Bulletin municipal officiel* de juillet 1892.

naire du budget municipal des écoles primaires supérieures de Paris, et du collège Chaptal, auquel il envoyait jadis une partie de ses élèves de Duplessis-Mornay. Il estimait que l'instruction primaire devait être le souci prédominant de l'assemblée. « Au Conseil municipal, disait-il, c'est l'enseignement primaire qui doit nous occuper avant tout. » Et le 17 mars 1899, quand il se présenta devant la Commission d'enquête sur l'enseignement secondaire, qui faisait comparaître devant elle les hommes dont la compétence pédagogique promettait des dépositions intéressantes et utiles, il rappelait qu'au Conseil municipal l'enseignement primaire supérieur avait été l'objet principal de ses travaux. Sa prédilection pour ce degré d'enseignement était telle que, dans cette même déposition, il allait jusqu'à demander que l'on renonçât à maintenir dans les lycées et collèges ce qu'on appelait alors « l'enseignement moderne », et que l'on en détournât la clientèle vers les écoles primaires supérieures. Certes il était trop foncièrement humaniste, trop ami de la haute culture, pour ne pas tenir au maintien de l'enseignement secondaire, qu'il avait si longtemps pratiqué lui-même à Duplessis-Mornay. Mais il aurait désiré que cet enseignement fût de plus en plus réservé à une élite de jeunes gens.

Gaufrès s'inquiétait beaucoup des résultats de la législation nouvelle de l'enseignement primaire. « Voilà dix ans, disait-il, que nous appliquons les lois de laïcité et d'obligation. Où en sommes nous? Ces lois ont-elles produit les heureux effets qu'on en attendait?... » Et, comme il en doutait, il insistait pour que l'administration préfectorale voulût bien procéder à des enquêtes et renseigner exactement le Conseil. En 1890, il s'inquiétait de la diminution du nombre des cours d'adultes, craignant, non sans raison, que l'État ne fît pas assez de sacrifices pour maintenir chez les adolescents le petit capital intellectuel qu'ils avaient pu acquérir à l'école primaire. Il aurait voulu. comme le demande aujourd'hui M. Ferdinand Buisson, qu'on fît passer un examen aux conscrits, au moment de leur arrivée au corps, pour constater leur degré d'instruction, à l'exemple de ce qui se fait en Suisse depuis 1675, et aussi en Belgique.

C'est avec chagrin qu'il lisait les statistiques qui, en 1859, dénombraient la proportion des illettrés dans le département de la Seine : sur 19.491 conscrits, 365 ne sachant ni lire ni écrire, 656 sachant lire seulement. Et cela dans le département le plus éclairé de toute la France ! Si Gaufrès vivait encore, les statistiques de 1907, d'après lesquelles il y aurait encore 1.000 illettrés dans notre pays, contre 1 en Suisse ou en Allemagne, l'auraient profondément affligé [1].

Ce n'est pas de loin, et seulement par des réflexions théoriques, que Gaufrès jugeait des choses de l'enseignement. Sa participation aux examens du certificat d'aptitude pédagogique lui ouvrait la porte des écoles, et lui permettait de rédiger pour le Conseil municipal des rapports pris sur le vif, et que n'aurait pas désavoués un inspecteur général tel que

---

1. Tout de même, et quelque défavorables qu'ils soient, les résultats constatés en 1907 sont moins mauvais que ceux de 1859 pour le département de la Seine : complètement illettrés, 167 ; sachant lire seulement 156.

Pécaut. Le 28 avril 1887, par exemple, il présentait à la 6ᵉ Commission du Conseil municipal une note pleine de détails précis sur les écoles qu'il avait visitées. Il y constatait tout d'abord que, grâce au recrutement du personnel enseignant, favorisé par les élèves sortant des écoles normales de la Seine, un bon courant pédagogique s'était établi dans les écoles parisiennes. Il louait le mérite des maîtres, et, avec un optimisme qui ne lui était guère habituel, il déclarait que les résultats obtenus dépassaient ses espérances. « Les écoles sont meilleures que nous ne l'avions supposé; elles ont fait, depuis quelques années, des progrès considérables, qui justifient les sacrifices de la ville. » C'est dans les écoles de filles surtout qu'il se plaisait à signaler ce progrès, notamment en ce qui concernait les heureux effets de l'enseignement moral.

Mais, à côté de l'éloge, il y avait place pour la critique; et les sages avis que Gaufrès adressait aux instituteurs de 1887, ne man—

---

1. *Revue Pédagogique*, 1887, t. I, p. 464 et suiv. *Discours* prononcé au Conseil général de la Seine, à propos du vote du budget de l'Instruction publique. Voyez aussi même Revue, p. 153.

queraient pas d'à-propos, même après vingt ans, et à l'heure présente. Il leur reprochait de faire des leçons trop savantes, qui n'étaient ni assez simples, ni assez pratiques. Il se plaignait aussi de l'abus des récompenses, qu'il aurait voulues plus rares, et partant plus efficaces. Il estimait que les maîtres faisaient encore trop souvent appel à la mémoire, pas assez au jugement. Il regrettait que le chant, le chant choral auquel participent tous les élèves de l'école ou tout au moins de la classe, ne fût pas suffisamment en honneur ; et, en cela, il se rencontrait avec Pécaut, qui a fait tant d'efforts pour développer à Fontenay-aux-Roses le goût et l'art du chant. Enfin, il s'affligeait de la négligence, de l'insouciance d'un trop grand nombre de familles, qui ne coopèrent pas autant qu'il le faudrait à l'œuvre de l'école : « Les parents, disait-il, qui ont le sentiment de leurs droits n'ont pas au même degré les sentiments de leurs devoirs[1]. »

---

1. Il devançait ainsi le mouvement qui s'est produit, dans ces dernières années, en faveur de la coopération des parents et des maîtres.

S'il était satisfait en général du choix des maîtres qui enseignaient dans les écoles de Paris, il craignait l'invasion des influences politiques dans les nominations du personnel ; et il suppliait l'administration de ne pas se laisser détourner, par des recommandations abusives, du but qu'elle doit poursuivre, et qui est l'intérêt du service.

Gaufrès n'a jamais ménagé son attention, ni sa sollicitude, aux instituteurs et aux institutrices primaires, et plus d'une fois il a témoigné, dans les séances du Conseil, qu'il prenait souci de leurs intérêts matériels. C'est cependant vers les enfants, vers les élèves, que sa pensée se dirigeait de préférence. Il s'associait, par exemple, à son collègue M. Raoul Bompard, pour recommander le rapport où M. Clairin, délégué cantonal du XVIIIe arrondissement, recherchait de quels moyens d'action on pourrait disposer, soit pour soutenir et pousser plus loin dans leurs études les bons écoliers, soit pour surveiller les mauvais[1].

---

1. Voyez dans la *Revue pédagogique*, 1892, t. I, p. 333, l'article intitulé *La délégation cantonale et les mauvais écoliers.*

Partisan d'une culture générale, Gaufrès n'admettait pourtant pas que l'éducation de l'esprit fît négliger l'instruction professionnelle. C'est, par exemple, le dessin industriel qui lui semblait être de première nécessité pour les enfants du peuple. Il louait, devant le Conseil, l'œuvre accomplie par Salicis, le directeur de l'École de la rue Tournefort, « cet homme éminent, disait-il, qui a introduit le travail manuel dans les écoles et qui en a fixé le plan ». Et, le moraliste reparaissant comme toujours, il ajoutait : « Salicis s'est attaché à cultiver non seulement l'intelligence des enfants, mais leur volonté et leur activité, les plus importantes de toutes nos facultés. »

La progression croissante du budget des écoles effrayait parfois Gaufrès. « Je ne suis pas suspect de tiédeur pour les œuvres d'enseignement, disait-il ; mais je n'envisage pas sans inquiétude le développement formidable de nos dépenses scolaires. » Et cependant, pour faire la part plus belle à l'enseignement primaire, il demandait qu'on réservât aux écoles primaires supérieures une somme de 200.000 fr. qu'on projetait d'affecter à l'agrandissement du lycée Charlemagne. Une autre fois, il suppliait ses collègues de ne pas subordonner la construction d'écoles neuves à l'achèvement des opérations de voirie...

Malgré l'appréhension que lui causait l'accroissement des dépenses scolaires, Gaufrès n'était donc pas homme à vouloir les restreindre. Et même il les jugeait insuffisantes, puisqu'elles ne permettaient pas d'admettre dans les écoles tous les enfants de Paris. « Il est déplorable, disait-il en 1893 à ses collègues, que 7.000 petits Parisiens ne trouvent pas place dans les classes. » Et il calculait que ce n'étaient pas seulement 7.000 enfants, chiffre de la statistique officielle, mais en réalité 14.000 garçons ou filles que l'insuffisance des locaux privait du bénéfice de l'instruction. « Chaque année, disait-il, vu l'accroissement de la population parisienne, il faudrait trouver 1.000 places nouvelles dans les écoles pour les élèves qui n'y en trouvent pas. » Et il parlait avec émotion de la situation faite à ces déshérités, ainsi voués à l'école buissonnière, à la rue, au ruisseau, et par suite à la démoralisation. « Ces milliers d'enfants, disait-il, devraient troubler notre sommeil !... »

L'éducation des anormaux ne le laissait pas indifférent, particulièrement celle des aveugles. La dernière fois qu'il prit la parole au Conseil municipal, ce fut pour signaler les effets désastreux de l'ophtalmie purulente, les cas nombreux de cécité qui en sont la conséquence, et pour chercher les moyens de combattre cette maladie. Un autre jour, il avait proposé la création d'un institut municipal de sourds-muets. En 1892, il faisait un long discours, pour démontrer la nécessité d'acquérir des terrains contigus à l'École Braille, en vue de la construction de nouveaux ateliers.

Une question qui intéressait fort Gaufrès était celle des fêtes scolaires et des distributions de prix[1]. Il ne songeait nullement à supprimer la fête populaire du 14 juillet. Mais il regrettait qu'elle tendît trop souvent à développer « des amusements vulgaires ».

---

1. Voyez notamment le *Rapport* du 18 mai 1892 sur les *Fêtes des écoles et les distributions de prix*, et l'article de la *Revue pédagogique* (1892, t. 1, p. 49), où ce rapport est analysé.

Pour en relever le caractère, il demandait qu'on y introduisît « un élément pédagogique et moral ». Il proposait de décider que les Conseils d'administration des caisses des écoles seraient invités à « organiser dans leurs arrondissements respectifs une fête des écoles au 14 juillet ». Cette fête, à ses yeux, devait comporter une réelle solennité, « étant une institution utile, éducative et patriotique ». C'est ce qu'il avait réalisé lui-même dans le XVIIIe arrondissement. La Ligue de l'Enseignement ne s'est-elle pas emparée de cet exemple, quand elle a inauguré, dans ces dernières années, la tradition des grandes fêtes scolaires du mois de juillet, où tous les enfants de France sont conviés à célébrer la mémoire d'un grand Ministre de l'éducation, ou d'un penseur illustre, celle de Jules Ferry ou celle de Michelet ?

Gaufrès connaissait trop bien le caractère des enfants pour songer à supprimer les distributions de prix, cet instrument précieux d'émulation. Mais, s'il ne les supprimait pas, il les réformait ; il en modifiait le fonctionnement, voulant que les récompenses scolaires

fussent attribuées, non seulement au succès, à l'intelligence et au talent, mais surtout au travail et aux efforts de l'élève. Le système préconisé par Gaufrès était celui qu'avaient adopté les écoles du xviie arrondissement : tous les mois, inscription au tableau d'honneur, proclamée devant les camarades, dans le préau de l'école. Des chants et des chœurs, pour ajouter quelque éclat à la cérémonie : tous les trois mois, séance un peu plus solennelle encore, en présence des familles, distribution de prix, livres, gravures, compas, etc., aux dix meilleurs élèves de la classe, sous la présidence et avec une allocution du délégué cantonal. Enfin, au terme de l'année, une dernière distribution de prix, celle-là d'une importance particulière, où aux prix trimestriels s'ajoutaient des prix spéciaux et annuels, pour le dessin, le chant, la gymnastique....

Sans entrer plus avant dans le détail, on saisit le sens de cette ingénieuse organisation qui échelonnait tout le long de l'année les récompenses décernées aux mérites scolaires. On voulait ainsi prolonger l'effort de l'élève, le rendre plus continu en le suivant de près, et en l'encourageant de mois en mois, de trimestre en trimestre, par des récompenses graduées qui le tenaient constamment en haleine.

Nul doute que Gaufrès n'ait présidé un grand nombre de distributions de prix. C'était pour lui une occasion, qu'il devait rechercher, de donner de bons conseils à la jeunesse parisienne. Malheureusement ces allocutions n'ont pas été recueillies.

Le *Bulletin municipal officiel* de la ville de Paris nous en a pourtant conservé une, prononcée à l'école J.-B. Say, et qui donne très certainement la mesure de ce que devaient être toutes les autres : exhortations familières et pressantes où il engageait les jeunes gens à voir surtout dans leurs études scolaires une préparation pratique à la vie réelle. Aux élèves de l'école J.-B. Say, comme à tous ceux qu'il haranguait, Gaufrès rappelait l'importance qu'il faut attacher, parce que ce sont les plus sûres conditions du succès dans la vie, « à une volonté énergique, à un caractère bien trempé », sans oublier pourtant ce qu'on doit attendre de la culture des autres forces de l'esprit. « Nous voulons, leur disait-il, assurer votre avenir par le développement le plus complet de toutes vos facultés... » Et il leur montrait, comme il l'avait fait à ses propres élèves de Duplessis-Mornay, le chemin du devoir social. « Ayant reçu ici une part plus qu'ordinaire d'éducation et de savoir, vous devez à votre ville, à votre pays, des services et un dévouement plus qu'ordinaires. Assez d'autres s'imaginent que la vie est une affaire où il s'agit de donner moins, de recevoir plus. Soyez d'un autre avis : croyez qu'une meilleure affaire encore est de donner plus qu'on ne reçoit, d'être de ceux qui se dépensent sans compter, qui ajoutent au savoir et au bien commun, qui sont enfin la lumière, la ressource et l'exemple des autres[1].... »

Gaufrès avait étudié de trop près l'œuvre d'Horace Mann pour n'être pas tout imprégné des idées américaines. C'est ainsi qu'il ne se montrait pas absolument défavorable

---

[1]. *Discours* prononcé par Gaufrès à la distribution des prix de l'école J.-B. Say, qu'il présidait, le 29 juillet 1892. Voir le *Bulletin municipal* du 30 juillet.

au principe de la coéducation des sexes, à cette communauté d'études, que Mann avait établie dans les écoles normales du Massachusetts et au collège d'Antioche, et qui est aujourd'hui le régime ordinaire des États-Unis. Dans un rapport présenté au Conseil municipal sur les expériences tentées à la trop célèbre école de Cempuis, il paraissait disposé à admettre la coéducation, au cas où la moralité générale de la nation en écarterait les dangers qu'elle présente. « Les bonnes mœurs, écrivait-il, sont favorables à la coéducation, et à son tour elle favorise les bonnes mœurs. La coéducation dans la famille n'est possible que par les vertus de la famille. Pour qu'elle s'établisse et soit acceptée dans la cité, il faut qu'elle s'appuie sur les vertus de la cité. » C'est donc seulement parce que la cité française manque encore des vertus nécessaires, que la coéducation ne pourrait y être acceptée ; et Gaufrès avouait franchement qu'en la repoussant nous prononçons sur nous-mêmes, sur notre état moral, un jugement de condamnation.

Il n'est guère de questions scolaires que

Gaufrès n'ait abordées dans les séances du Conseil municipal. L'institution des bataillons scolaires, qui a joui quelque temps d'une si grande vogue, l'avait laissé sceptique. « Ce n'est pas en faisant jouer l'enfant au soldat, disait-il, qu'on lui enseignera vraiment le patriotisme. Il y a d'autres manières plus sûres d'obtenir qu'il se sente membre de la patrie et futur citoyen de la République. »

L'hygiène de l'école et la santé des élèves étaient au premier rang de ses soucis. Et pour rappeler aux maîtres combien il est nécessaire de suivre de près l'état physique des enfants, de s'inquiéter et d'aviser au premier symptôme de malaise, il invoquait un souvenir personnel : « A Duplessis-Mornay, un de mes élèves, un matin, se plaignait d'avoir mal de tête ; par excès de scrupule, je prévins la famille : le soir il était mort !... »

Mais nous n'en finirions pas si nous voulions énumérer tous les points sur lesquels s'est portée l'attention avisée de Gaufrès. Les caisses des écoles, les magasins scolaires, le service des suppléants dans les écoles de la banlieue, les conférences à confier dans les écoles normales à des professeurs du dehors, le choix des livres, les voyages scolaires, l'inspection des écoles, la création des bibliothèques populaires[1]... que sais-je encore? rien n'échappait à son zèle.

Quoiqu'il ne fût pas atteint de ce que quelques-uns de ses collègues appelaient l'*inspectomanie*, il étudiait avec soin la question de l'inspection administrative, celle dont on chargeait des délégués spéciaux pris dans les rangs de l'assemblée communale. Il voulait que rien ne manquât à l'outillage scolaire de la capitale de France. Il s'efforçait d'orienter vers ce but les délibérations et les résolutions de ses collègues. Il y réussissait le plus souvent, non seulement parce que la cause était bonne, mais parce qu'il la défendait de tout son cœur et avec l'autorité qu'il avait su conquérir au sein de l'assemblée. Et quand on a parcouru dans les colonnes du *Bulletin administratif officiel* les procès-verbaux des milliers de séances où Gaufrès a pris la

---

1. Sur ce point, il faisait remarquer que les adolescents pauvres, n'étant admis dans les bibliothèques qu'à l'âge de 16 ans, restaient, pendant 3 ans après leur sortie de l'école, sans avoir des livres à leur disposition.

parole, on se dit que pendant une dizaine d'années Gaufrès a rempli au Conseil municipal les fonctions volontaires d'un véritable directeur de l'enseignement primaire et primaire supérieur[1].

D'ailleurs, pour apprécier et résumer le rôle si important que Gaufrès joua au Conseil municipal, nous ne saurions mieux faire que d'emprunter les paroles par lesquelles M. Mesureur, Directeur de l'Assistance publique, lui rendait publiquement hommage, le 7 mai 1905, dans l'assemblée générale de l'Orphelinat de la Seine[2] : « M. Gaufrès, disait-il, fut un des hommes de notre génération dont l'âme a été la plus belle. Appelé à prendre place dans une Assemblée politique dont je faisais partie, et où je l'ai connu, il a semblé toujours étranger à la politique elle-même ; il a passé à travers toutes nos passions, nos disputes et nos querelles, sans les apercevoir, sans les partager, préoccupé

---

1. Voir sur ce sujet un long discours de Gaufrès, prononcé pendant la session de 1892.

2. Voyez le *Bulletin de la Société de l'Orphelinat de la Seine*, Paris, 1905.

tout entier de rester attaché aux déshérités, à la tâche de bienfaisance qui fut sa vie. Le souvenir de son beau visage calme restera dans l'esprit de ceux qui l'ont connu et aimé; et c'est pour moi une émotion profonde que de saluer sa mémoire, en pensant qu'il y a peu de temps il était encore au milieu de vous, et qu'il animait vos assemblées par ses paroles et par ses exemples. »

CHAPITRE V

GAUFRÈS HISTORIEN DE L'ÉDUCATION

I

Contributions diverses de Gaufrès à l'histoire de
l'éducation. — Une monographie de Philippe Mornay de
Bauves (1868). — Un livre sur *Claude Baduel et la
réforme des études au* xvie *siècle* (1880). — Les origines
protestantes de l'enseignement secondaire. — Similitudes morales de Baduel et de Gaufrès. — Les Réformés
ont précédé les jésuites, dans l'organisation des études
classiques. — Les jésuites y ont apporté un autre esprit.
— Une étude intitulée : *l'Enseignement protestant sous
l'Édit de Nantes* (1898). — La Réforme et l'instruction
populaire.

Gaufrès s'est prodigué dans l'action, dans
l'action enseignante d'abord, plus tard dans
l'action sociale. Il a agi plus qu'il n'a écrit.
Il a été un militant de l'éducation et de la
propagande morale. Et lorsque, dans les
vingt dernières années de sa vie, il s'est fait

une habitude de prendre régulièrement la plume pour rédiger des articles de journaux ou de revues, c'était encore une façon d'agir, puisqu'il s'efforçait par là d'exercer sur les esprits de ses lecteurs l'influence permanente de sa prédication morale.

Il s'est donc réservé peu de loisirs pour l'étude solitaire et pour les recherches d'érudition. Il a laissé peu de livres; mais ceux qu'il a composés lui assignent une place distinguée parmi les historiens de l'éducation. Le plus important peut-être, celui en tout cas qui est le plus connu, c'est la belle étude qu'il a consacrée au grand éducateur américain, Horace Mann. Mais s'il était surtout attiré vers les œuvres pédagogiques les plus récentes, si sa pensée vivait de préférence dans le présent, il s'en faut qu'il dédaignât le passé. Il savait quelle reconnaissance est due aux efforts des ancêtres, et quel est le prix de la tradition. Loin de dénigrer l'ancien temps, disposé au contraire à redire après Désiré Nisard : « Toute guerre qu'on fait au passé de la France est une guerre civile »; il a étudié avec amour, avec un soin pieux, les origines de l'éducation française, notamment dans son livre sur Claude Baduel et la réforme des études au xvie siècle[1].

Mais à cette large composition historique Gaufrès avait préludé, dès 1868, par une courte monographie de Philippe Mornay de Bauves[2], le propre fils de Duplessis-Mornay. Histoire touchante d'un jeune gentilhomme du xvie siècle, mort avant l'âge, sur un champ de bataille, à vingt-cinq ans, alors que les rares qualités d'un naturel heureux, aidées et fécondées par les soins de la plus tendre des mères et d'un père éducateur, lui promettaient le plus brillant avenir. C'est de lui que Henri IV pouvait dire, en apprenant sa mort : « J'ai perdu la plus belle espérance de gentilhomme de mon royaume. J'en plains le père : il faut que je l'envoie consoler... » Gaufrès s'est complu à nous raconter par le menu les premiers pas dans la vie de cet infortuné jeune

---

1. *Claude Baduel et la réforme des études au XVIe siècle*, un volume in-8o, de 354 pages, Paris, Hachette, 1880. Baduel était né à Nîmes en 1491, il mourut en 1561.

2. *Philippe Mornay de Bauves ou l'éducation d'un gentilhomme protestant au XVIe siècle*, une brochure in-8o de 46 p. Paris, Ch. Meyrneis, 1868.

homme, et les divers incidents d'une carrière qui devait être si courte. Il avait raison de penser que ses lecteurs trouveraient plaisir à s'introduire avec lui dans la noble et vertueuse maison de Duplessis-Mornay. « Le XVIe siècle, écrivait-il, n'a pas été seulement, pour la Réforme française, une époque de luttes sanglantes et de tragiques aventures, mais aussi une période de vertus privées, de piété domestique, de pures affections, discrètement abritées au foyer de famille. »

Rien de plus uni, en effet, de plus tendrement uni que la pieuse famille du « Pape des huguenots ». La mère qui prévoyait à tort que, selon l'ordre de la nature, elle mourrait avant ses enfants, rédigeait à leur adresse des recommandations touchantes : « Je prie mon fils Philippe, et autres fils si Dieu nous en donne, d'être obéissants à M. Duplessis, leur père : de lui rendre tout honneur, contentement et service; et si Dieu leur fait tant de grâce que de le voir en vieillesse, je leur commande de redoubler leurs soins et affection envers lui, et qu'il ait cette consolation d'avoir recouvré en eux les services et affection qu'il aura perdus en moi... » Le père, dont les idées pédagogiques, — nous l'avons vu plus haut, — rappellent celles de Montaigne, l'avait élevé « en honnête privauté et liberté ». Soucieux avant tout de donner à son éducation un caractère pratique, « Mornay, dit Gaufrès, voulait que l'esprit de son élève fût sans cesse en contact avec la réalité. Tout ce qui dépasse sa portée et son âge ne lui semble être que pure scolastique et creux pédantisme. La franche et naïve impression de la réalité sur l'esprit, telle est la méthode de Mornay, *la vraie méthode protestante.* » Ajoutons pourtant, pour ne pas accéder à la conclusion un peu exclusive de Gaufrès, que telle était aussi la méthode de Montaigne[1].

L'ouvrage que Gaufrès publia, en 1880, sur Claude Baduel, n'est pas une simple monographie. Tout en étudiant de près, dans sa vie agitée, dans son caractère et dans ses

---

[1]. Nous l'avons déjà dit (v. plus haut p. 24), les règles pédagogiques que Duplessis-Mornay avait établies et suivies dans l'éducation de son fils rayonnèrent de son temps dans le monde protestant. Nombre de ses contemporains, des femmes surtout, s'empressèrent de lui demander des avis pour l'instruction de leurs propres enfants : citons, la princesse d'Orange, Louise de Coligny; Mme de Saint-Gelais ; Mme de la Trémouille, etc.

œuvres, le pédagogue trop oublié du xvie siècle, notre auteur nous ouvre de larges horizons sur les idées et les mœurs de ce temps-là, et particulièrement sur le rôle que les réformateurs protestants ont joué dans l'organisation des études classiques.

Sans doute le fait que Baduel est né à Nîmes, et qu'il y a été pendant quelques années, de 1540 à 1550, le principal d'un collège dont Gaufrès a été lui-même l'élève trois cents ans plus tard, voilà une des raisons qui l'ont déterminé à choisir ce sujet d'études. Il est heureux, on le sent, de revivre par l'imagination dans la ville de Nîmes du xvie siècle. Il reconstruit, il ressuscite sous nos yeux la vieille cité, qui n'avait encore que quinze mille habitants, qui déjà manquait d'eau, — ce qui lui arrive encore de notre temps; — et qui, passionnée, ardente, dans son tempérament méridional, était divisée, comme elle l'est encore aujourd'hui, par la rivalité et les luttes de deux partis adverses.

Mais l'histoire locale, dans l'œuvre de Gaufrès, est pour ainsi dire enveloppée dans l'histoire générale du temps, celle d'une époque où fermentaient tant d'idées nouvelles et qui a inauguré l'ère des temps modernes. La matière du livre déborde donc singulièrement le cadre étroit de la biographie de Baduel. Il n'y est pas question seulement de l'organisation de la petite Université que François Ier avait fondée à Nîmes, la réservant d'ailleurs exclusivement aux enseignements de la Faculté des arts, tandis que la médecine florissait à Montpellier et le droit à Toulouse. En quelques-unes de ses parties, le livre de Gaufrès est un exposé de la pédagogie nouvelle, telle que les Réformés l'ont conçue et pratiquée, au siècle de la Renaissance.

Gaufrès était un partisan décidé des études classiques, où il voyait « une de nos traditions nationales les plus caractéristiques et les plus bienfaisantes ». Il pensait qu'aucun pays en Europe n'égale la France sous le rapport des études secondaires, et qu'elles sont chez nous « un admirable instrument de culture d'esprit et de haute éducation ». Les efforts de Baduel pour organiser à Nîmes les études classiques, dans les tâtonnements confus des débuts de la Renaissance, ne pouvaient donc que l'intéresser particulièrement. Mais l'examen minutieux qu'il faisait d'une tentative isolée, et d'un point d'histoire locale, l'amenait à étudier dans son ensemble le mouvement général. Ce sont des chapitres d'un intérêt réel pour l'histoire de l'éducation que ceux qu'il consacre aux origines des études classiques en France [1]. Origines trop ignorées, — il le faisait remarquer avec raison, — de sorte que les erreurs circulent à l'abri de cette ignorance. « L'Université fait volontiers remonter son programme aux premiers jours de la Renaissance; la Société de Jésus s'en attribue doucement l'invention, que revendique aussi le protestantisme. » Le livre de Gaufrès est un plaidoyer solide et probant en faveur de la légitimité de cette dernière revendication.

Si Gaufrès, d'ailleurs, a voulu être le biographe de Baduel [1], et s'il s'est complu dans sa tâche, c'est qu'il était pénétré d'une sympathie profonde pour l'éducateur dont il raconte la vie. Et ce n'est pas seulement

---

1. Voyez notamment le ch. V, *Origine et histoire des études classiques en France*.

parce que Baduel est intéressant en lui-même, dans sa carrière tourmentée et parfois douloureuse, dans les essais qu'il a tentés pour la réforme de l'enseignement. C'est aussi sans doute parce que Gaufrès se retrouvait lui-même et reconnaissait ses propres tendances, quelques traits de son propre caractère, dans le professeur obscur d'il y a trois cents ans.

Baduel d'abord a été un maître de pension, comme Gaufrès. Il réunissait dans sa maison de Nîmes, qui était « fort belle et très saine », un certain nombre d'élèves, dont il faisait ses commensaux, dirigeant leurs études et leur éducation avec un soin vigilant. Gaufrès qui, à l'institution Duplessis-Mornay, présidait aux repas de sa famille scolaire, s'associant à la conversation pour la diriger, ne faisait en cela que suivre l'exemple de Baduel, puisque celui-ci disait : « Pas de temps perdu chez moi : même à table, toujours quelque avertissement, quelque leçon accompagne le repas [1]... » Des

----

1. Baduel avait-il lu Rabelais, qui voulait que Gargantua s'instruisît même à table, en causant sur les mets, sur le vin, sur l'eau, le pain, le sel, etc. ?

incidents fâcheux, — telle, par exemple, l'escapade d'un élève, qui s'était enfui un beau matin de la pension de Baduel, et qu'on eut beaucoup de peine à retrouver, — rappellent à Gaufrès que, dans son expérience personnelle, il a parfois été mal récompensé de ses peines, et qu'il lui est arrivé d'éprouver quelques déboires : « La vie est toujours rude, écrivait-il, auprès d'une jeunesse impétueuse, inconsidérée.... » Mais il s'empressait d'ajouter, pensant encore à lui-même et à la douceur de voir tourner à bien les éducations dont on a la charge : « Que de charmes devaient compenser pour Baduel ces moments pénibles!... »

La similitude de deux esprits, qui, malgré la différence des temps, s'unissent pourtant dans les mêmes aspirations, se marque encore sur d'autres points. N'est-ce point le même but qu'ils assignent l'un et l'autre à leur tâche d'éducateur, puisque Baduel, humaniste pieux, se proposait pour but à la fois « de répandre le savoir élégant », et de développer la foi religieuse? Et quand, affligé de la décadence des mœurs, des désordres et des vices de ses contemporains, il écrivait : « On repousse le Christ pour suivre éperdûment les voluptés du siècle et de la chair », n'était-ce pas, en langage du xvie siècle, la pensée qui dirigera Gaufrès dans sa campagne contre l'alcoolisme et l'immoralité?

Comme professeur et directeur d'études, Baduel a été un des premiers, au xvie siècle, à comprendre la nécessité d'en finir avec la sèche scolastique, et de restaurer le goût, de faire refleurir les lettres et le culte de l'antiquité. Il appartient à cette phalange de doctes esprits qui ont préparé la Renaissance. Il voulait, comme il le disait, rétablir « la pureté du latin et l'éloquence ». Il avait reçu lui-même une forte instruction, allant la chercher en tous lieux, comme c'était l'usage en son temps : en Belgique, en Allemagne, à Louvain, à Liège, à Wittenberg, à Marbourg, peut-être à Tubingue, à Paris enfin, où il étudia huit ans, aux frais de sa protectrice, Marguerite de Navarre, à laquelle il avait été recommandé par Mélanchthon. A Liège il put voir de près la confrérie des « Frères de la vie commune », le collège de

Saint-Jérôme, qu'ils y avaient fondé, et où Jean Sturm et Érasme furent élevés. Il entretint des relations avec quelques-uns de ses contemporains célèbres, avec Vivés et Budé, avec Mélanchthon, avec Calvin, avec d'autres encore. De sorte qu'en 1540, lorsqu'il fut chargé de diriger et d'organiser le collège des arts à Nîmes, il était tout désigné pour cet office, et longuement préparé à y introduire les idées nouvelles.

Sans doute il ne faudrait pas lui attribuer dans l'œuvre pédagogique qu'il accomplit une originalité entière. Gaufrès ne le prétend nullement. Il sait que son héros a eu des précurseurs, notamment le célèbre Jean Sturm, qui, deux ans auparavant, en 1538, avait fondé le collège de Strasbourg, et qui, en établissant la division des élèves en six classes successives : — une classe élémentaire, trois classes de grammaire, une classe d'humanités (notre « seconde » actuelle), le tout couronné par une classe de rhétorique, — proposait déjà le plan d'études que la Société de Jésus et aussi l'Université de Paris devaient adopter dans la suite[1]. Il est certain que Baduel avait emprunté au collège de Strasbourg quelques-unes des méthodes qu'il appliqua dans le collège de Nîmes[2] : mais s'il a été précédé, — et de deux années seulement, — par Jean Sturm, il a devancé à son tour, et Calvin, qui ne fonda l'Académie et collège de Genève qu'en 1558, et les jésuites qui n'ouvrirent leurs premiers établissements que vers le milieu du siècle.

C'est un point nettement établi par Gaufrès que la Compagnie de Jésus, dans l'organisation des études classiques, s'est largement inspirée du plan des pédagogues protestants, qu'elle n'a guère fait que reproduire les pratiques scolaires suivies, depuis plusieurs années, dans les établissements que les Réformés avaient réussi à créer en Allemagne, en Suisse et en France. La fameuse

---

1. La réforme de l'Université de Paris, d'après les principes nouveaux, ne fut réalisée qu'en 1598.

2. Il le déclarait lui-même dans le manifeste qu'il publia en prenant possession du collège de Nîmes. Il y disait qu'il voulait suivre les idées de Jean Sturm, exposées dans son écrit *De ludis puerorum recte aperiendis*.

Ratio studiorum, qui date de 1586, n'est en partie que le décalque du mémoire que Jean Sturm avait adressé aux scholarques de Strasbourg en 1538.

Mais si les jésuites n'ont été que des imitateurs, on serait tenté de dire des plagiaires, en ce qui concerne la division des classes, l'ordre des exercices, l'étude des auteurs latins, il n'est plus besoin de faire observer qu'ils ont apporté dans l'éducation un esprit qui leur est propre, et, nous n'hésitons pas à l'affirmer, un mauvais esprit. C'est ce que nous avons dit ailleurs : « Nul doute que les jésuites n'aient emprunté aux collèges protestants certains détails de leur programme; nul doute qu'en voyant les Réformés mettre la main sur les lettres classiques, ils n'aient compris la nécessité de leur faire concurrence, et de confisquer, d'accaparer la culture littéraire au profit de l'Église orthodoxe [1]. »

C'est dans le même sens que Gaufrès disait lui aussi en termes vigoureux : « Que seront

---

1. Voir *l'Histoire critique des doctrines de l'éducation en France*, t. I, p. 56.

pour les élèves des jésuites les études littéraires, sinon un vain jeu de l'imagination
et de la parole, un art de dire agréablement
des choses inutiles, de tourner des vers latins,
de faire des descriptions de boucliers, de
statues, de paysages, de connaître les jolis
morceaux des auteurs, de les réciter avec
grâce? Si à ces exercices classiques se joi-
gnent des pratiques religieuses, qui exaltent
l'imagination en endormant la réflexion; si
les bons élèves sont doucement entraînés
à former entre eux des *académies* ou réunions
littéraires, dont les membres se vouent à la
Vierge; si ceux qui donnent des signes de
curiosité d'esprit, et qui aspirent à se rendre
compte des choses sont détournés des études
philosophiques et de l'enseignement, — *sine
dubio removendi*; — si aux spectacles donnés
à l'intérieur des écoles s'ajoute parfois au
dehors celui du supplice de quelque héré-
tique; si l'habitude est entretenue chez les
écoliers, non seulement de confesser leurs
propres fautes, mais de dénoncer celles de
leurs camarades; il est visible que les mérites
du programme d'études ne pourront prévenir,

ni la frivolité de l'esprit, ni l'affaiblissement des caractères[1] »

Les historiens de l'éducation ne sont pas les seuls lecteurs qui puissent se plaire au livre de Gaufrès. Certains chapitres où nous sont racontées les luttes que son héros eût à soutenir contre l'ignorance ou le fanatisme du temps, les souffrances qu'il endura, les péripéties de sa carrière, ont un intérêt presque dramatique. Les dix années qu'il passa à Nîmes furent un duel incessant entre ce sage pédagogue, homme de bon sens et de vertu, et son dangereux adversaire, Guillaume Bigot, qui lui disputa et lui enleva par moments la direction du collège. Bigot tient une grande place dans le livre de Gaufrès. C'était un homme de talent, de qui Mélanchthon disait qu'il avait « un merveilleux savoir » ; mais c'était aussi un caractère emporté, fougueux et brutal. Il avait eu une jeunesse orageuse, s'était fait soldat, et n'avait pris goût à l'étude qu'après avoir usé plusieurs années dans les plaisirs. A côté du candide et honnête Baduel,

____

1. *Claude Baduel*, etc., p. 69.

Bigot, appelé à Nîmes comme professeur de philosophie, fait figure d'aventurier. Il professait d'ailleurs des opinions tout à fait opposées. Baduel était un luthérien convaincu ; Bigot un rationaliste, presque un libre penseur. Baduel voulait faire prédominer les lettres dans l'enseignement ; Bigot au contraire tenait pour la philosophie. De là des discussions aigres, des scènes violentes, une véritable guerre scolaire.

L'existence d'un pédagogue du xvie siècle n'avait rien de la vie calme d'un professeur ou d'un principal de nos jours. Au collège de Nîmes, Bigot fut contre Baduel ce que Charpentier avait été contre Ramus, au Collège de France. Baduel fut obligé de partager le principalat avec lui, puis même de lui céder la place. Et lorsque enfin débarrassé de Bigot, qui alla dans d'autres villes poursuivre sa carrière aventureuse, il put reprendre possession de son collège, de nouvelles difficultés l'attendaient. Accusé d'hérésie, il dut s'expatrier. Il alla chercher un refuge à Genève, « pour terminer dans l'obscurité et dans l'exil une existence dont la première partie avait été pleine d'enthousiasme et de beaux rêves ». Ainsi finissait, et parfois plus tristement encore, la vie de la plupart des hommes indépendants de ce temps-là, qui « n'eurent en partage, dans leurs dernières années, que luttes, dégoûts et supplices ». — « Il suffit, ajoute Gaufrès, de nommer Jean Sturm aux prises, à Strasbourg, avec l'intolérance luthérienne, Marot mourant à l'hôpital de Turin, Ramus victime des assassins de la Saint-Barthélemy, Dolet crépitant sur le bûcher avec Savonarole. Plus heureux, mais combien rares, ceux à qui il a été donné, comme à Mathurin Cordier, de voir le crépuscule du soir après celui du matin, et de s'endormir dans la paix de Dieu. »

Le livre sur Baduel est donc, à divers points de vue, une œuvre des plus captivantes, et, ajoutons-le, un modèle d'érudition élégante autant que précise[1]. Que de faits curieux son auteur n'y a-t-il pas recueillis sur un siècle

---

1. Pour écrire son livre, Gaufrès s'était livré à de laborieuses recherches : il avait compulsé les archives de Nîmes, d'Avignon; il avait lu et traduit 124 lettres familières de Baduel. L'appendice de cent pages, qui termine le volume, est la preuve de ces patientes investigations d'un historien qui puisait aux sources.

dont on peut dire qu'il a été, avec la fin du xviiie siècle, l'époque la plus dramatique de notre histoire! Quel jour n'y jette-t-il pas sur l'état d'âme de ces réformateurs, qui ont préparé l'ère moderne à travers les périls et les souffrances, et qui parfois même doutaient eux-mêmes de la portée de leurs efforts! N'est-on pas surpris, par exemple, d'entendre dire à Baduel, à un homme de la Réforme et de la Renaissance : « L'une des causes de la faiblesse des études, c'est la vieillesse du monde, qui incline à sa fin?... »

Avec Baduel, Gaufrès avait étudié les origines protestantes de l'enseignement secondaire. Quinze ans plus tard, en mai 1898, à l'occasion de l'assemblée tenue à Nantes pour célébrer le troisième centenaire du fameux Édit de 1598, il revenait sur un sujet qui lui était cher[1]. Il présentait à ses auditeurs une étude historique des plus intéressantes, où il racontait tout ce que les protestants ont fait, ou essayé de faire pour l'enseignement, dans la première moitié du xviie siècle, alors

---

1. *L'enseignement protestant sous l'Édit de Nantes*, une brochure de 30 pages in-8°.

qu'ils pouvaient profiter de la liberté relative que leur avait concédée l'Édit de Nantes. Cette fois, ce n'est plus seulement de l'enseignement secondaire que s'occupe Gaufrès, mais aussi des écoles de tout degré organisées par les Réformés français, malgré la violente hostilité qu'ils rencontraient autour d'eux, et qui s'opposait à leurs efforts. Aux manifestations du fanatisme catholique, dont le dénouement devait être, en 1686, la funeste révocation de l'Édit de Nantes, il est tout heureux de pouvoir opposer l'esprit de douceur et de tolérance qui, dès 1597, inspirait à Duplessis-Mornay ces belles paroles : « Il faut nous accoutumer à vivre les uns avec les autres, et l'exemple doit venir des plus sages. » Et encore : « Nous désirons de toute notre âme être reconnus des catholiques pour frères; les honorons comme tels, leur en rendons tous les offices et services. »

L'idée générale que Gaufrès s'attache souvent à faire ressortir, dans cette contribution nouvelle à l'histoire de l'éducation, c'est que les principes des protestants favorisaient, plus que cela, exigeaient et imposaient la création des écoles primaires. « C'est, disait-il, un fait incontesté que le protestantisme a été le rénovateur, le père de l'instruction populaire [1]. »

Luther avait donné l'exemple, de 1520 à 1525, dans ses lettres célèbres à la noblesse et aux villes d'Allemagne. Il y revendiquait pour chaque chrétien le droit, et aussi le devoir, de chercher dans la lecture personnelle de la Bible les principes de sa foi religieuse. Il proclamait du même coup la nécessité de l'instruction pour tous.

Jusqu'à la promulgation de l'Édit de Nantes, il n'avait pu être question pour les protestants de France de mettre à exécution les idées de Luther. Ils n'avaient réussi à ouvrir des écoles que dans les domaines de quelques seigneurs provinciaux, et dans des villes passées à la Réforme, telles que la Rochelle, Tours, Saumur, etc.

L'Édit de Nantes modifia un peu et améliora l'état des choses. Il y était dit en effet

---

1. C'est ce que nous avons dit nous aussi dans notre *Histoire de la pédagogie*. Voir la leçon VI : *Les origines protestantes de l'enseignement primaire*.

que désormais « il ne serait fait ni différence, ni distinction, pour le regard de la religion, à recevoir les écoliers pour être instruits, aux universités, collèges et écoles, et qu'il serait loisible à ceux de la religion (c'est-à-dire aux protestants) de pourvoir leurs enfants *de tels éducateurs que bon leur semblerait* ». Il est vrai qu'une autre disposition restrictive édictait que « ne pourraient ceux de la religion tenir école publique, sinon à villes et lieux où l'exercice d'icelle était permis ».

Ce ne fut donc pas sans difficulté que, même sous le protectorat de l'Édit de Nantes, les protestants s'efforcèrent de multiplier les écoles primaires dans les villes où il leur était permis de le faire. Et Gaufrès nous apprend à quelles tracasseries, à quelles persécutions ils furent encore en butte. « Le fanatisme clérical, écrit-il, rendait la vie dure aux écoles et aux régents. On a relevé dans divers documents historiques les noms de cent vingt-cinq instituteurs protestants : sur ce nombre, cinquante-deux, dont quelques femmes, ont été persécutés et suppliciés pour cause de religion. Et que de vexations, en outre, que d'avanies de toutes sortes! On les obligeait à obtenir, pour ouvrir une école, l'agrément du curé, du chanoine métropolitain ou de l'évêque[1]. La moindre formalité omise entraînait la fermeture de l'école. Fermées aussi, à partir de 1670, les écoles où l'on ne s'en tenait pas exactement à ces trois points : lire, écrire et compter. »

L'effort des protestants fut plus heureux, en ce qui concerne les Universités et les collèges. Le Synode de Saumur, en 1596, avait décidé qu'il y aurait au moins deux Universités dans le royaume. Il y en eut huit : trois, il est vrai, dans des pays non encore annexés, à Orthez, à Orange, à Sedan ; les autres étaient celles de Die, de Nîmes, de Montpellier, de Montauban (transférée en 1661 à Puylaurens) ; celle enfin de Saumur, la plus

---

1. Pour échapper aux persécutions, les instituteurs protestants de Paris tenaient parfois leurs écoles dans la campagne, par crainte d'être découverts par le chantre de l'Église. C'est ce qu'on appela les « écoles buissonnières », que le Parlement de Paris interdisait encore dans un arrêt de 1628. « Ainsi, selon les temps, écrivait Gaufrès, le désert a caché notre culte, et les buissons nos écoles ».

célèbre, et qui prospéra jusqu'à la date fatale de la révocation de l'Édit de Nantes. A cette époque, par suite de l'émigration forcée des protestants, la population de Saumur tomba de 25.000 à 8.000 habitants.

Longue est la liste des collèges que les protestants érigèrent. Quelques-uns existaient déjà avant la promulgation de l'Édit de 1598; mais ils se multiplièrent les années suivantes. Il y eut des collèges à Bergerac, à Pont-de-Veyle, à Die, à Privas, à Vitré, à Gergeau, à Clermont-de-l'Oise, à La Rochefoucauld, à Alençon, à Gex, à Béziers, à Embrun, à Luc-en-Provence, et ailleurs encore. Sur l'organisation des études et de la discipline dans ces divers établissements, Gaufrès nous donne des détails précis et authentiques. Ils étaient tous d'ailleurs façonnés sur le même modèle, à l'imitation du collège de Strasbourg et du collège de Genève. L'esprit évangélique de la Réforme, un esprit de gravité et de dignité, s'y mêlait au souffle littéraire de la Renaissance. On cherchait par-dessus tout à élever des consciences religieuses, des esprits fermes, tandis que « l'édution des jésuites préparait doucement les jeunes gens à la servitude ».

Gaufrès se félicitait, dans sa conclusion, que le même esprit eût animé toutes les fondations scolaires auxquelles les protestants ont travaillé, depuis que la Révolution de 1789 leur a restitué tous leurs droits. « Trois choses, disait-il, sont certaines pour les fils des huguenots : la justice seule élève les nations; l'homme n'est homme que par son fonds moral; l'éducation seule initie l'enfant à la moralité et à la justice. » Et il exhortait ses coreligionnaires à poursuivre dans le même sens leur œuvre d'éducation, en lui imprimant une forte direction morale, et en lui donnant pour but de former à la fois des chrétiens et des lettrés.

11

Horace Mann, son œuvre, ses écrits (1896). — Raisons de l'admiration de Gaufrès pour l'éducation américaine. — C'est Gaufrès qui a révélé Mann à la France. — Analogie de l'œuvre de Mann et des créations scolaires de la troisième République. — Gaufrès historien reste toujours éducateur et moraliste.

C'est en 1896 seulement que Gaufrès a publié son beau livre sur Horace Mann [1]. Il le préparait depuis de longues années, puisque, dès 1884, il avait déjà donné une conférence sur le même sujet à l'Assemblée générale de la Société protestante du travail [2]. En 1887 encore, il avait composé, pour le *Dictionnaire de pédagogie* de M. Buisson, un article sur la vie et l'œuvre du grand éducateur américain.

En 1888, il m'écrivait à moi-même pour me remercier d'avoir pris Horace Mann comme sujet d'une conférence publique, et d'« avoir ainsi prêté l'appui de ma parole à la propagande qu'il avait entreprise en faveur de l'homme et de son œuvre ».

Le livre qui sortit de ce long travail de préparation est tout à fait digne de l'homme qui en est le héros, et il fait honneur au biographe, à son talent d'écrivain autant qu'à sa scrupuleuse conscience d'historien [3]. Pas

---

1. *Horace Mann, son œuvre, ses écrits*, 1 volume in-12, Paris, Hachette, 1896. Deuxième édition, revue et complétée sur de nouveaux documents, 1897.

2. *Horace Mann, promoteur de l'éducation populaire aux États-Unis*, 1 brochure in-8°, 24 pages, Paris, 1884. Une deuxième édition a paru en 1885, à la librairie H. E. Martin.

3. Divers chapitres avaient paru dans la *Revue Pédagogique*, 15 juillet 1884, 15 octobre 1884, 15 décembre 1885.

une ligne n'y est écrite au hasard. Gaufrès n'y avance rien qui ne repose sur des documents originaux. Il a tout étudié, tout exploré, dans l'œuvre si vaste de Mann. Il remonte constamment aux sources. Il s'entoure de tous les renseignements qu'il peut recueillir. Il est entré en correspondance avec la veuve de l'illustre Américain, Mme Mary Mann, qui l'encourage dans son travail. Et quel plus bel éloge pourrait-on faire de l'ouvrage que de citer ce qu'en disait M. Georges C. Mann, quand il écrivait à Gaufrès qu'il avait trouvé dans son livre « la plus exacte appréciation du caractère et des travaux de son père[1] ».

Il n'est pas difficile de se rendre compte des raisons qui motivaient et justifiaient la sympathie que Gaufrès avait vouée à la mémoire d'Horace Mann. Si nous avons pu dire qu'il se complaisait à retracer le portrait de Claude Baduel, parce qu'il retrouvait quelques traits de son propre caractère dans la physio-

---

1. N'était-ce pas aussi au beau livre de Gaufrès que Pécaut pensait, quand il disait « : Je voudrais que la biographie de Mann fût entre les mains, non seulement de tous les professeurs, mais de tous les élèves. »

nomie intellectuelle de ce pédagogue de la Renaissance, à combien plus forte raison devait-il se sentir attiré, par les affinités intimes de sa conscience, par la communauté des croyances, vers un éducateur du xixe siècle, protestant comme lui, républicain comme lui, et surtout convaincu, comme lui, que l'éducation est la condition nécessaire du progrès de l'humanité.

Horace Mann est intéressant en lui-même. On ne peut le connaître, sans l'admirer et sans l'aimer. Avant que Gaufrès nous le révélât, son nom était à peine connu en France. Édouard Laboulaye l'avait prononcé le premier, dans une conférence faite en 1869 au Conservatoire des Arts et Métiers[1]. Il le saluait comme « le rénovateur de l'éducation en Amérique, comme un bienfaiteur de l'humanité, destiné à garder dans l'avenir un renom immortel » ; et il ajoutait : « J'espère qu'on nous fera un jour pénétrer dans l'intérieur de cette belle âme.... »

---

1. Cette conférence a été reproduite en tête de la traduction du discours de Mann sur l'*Importance de l'éducation dans une République*, publiée en 1873 par M. Guerlin de Guer.

Grâce à Gaufrès, l'espérance d'Édouard Laboulaye n'a pas été déçue ; son souhait a été entendu ; et Horace Mann a trouvé enfin chez nous un biographe aussi sympathique qu'avisé et bien informé. Comment Gaufrès aurait-il pu refuser son admiration au caractère d'un grand homme de bien, dont la vie a fait éclater de si belles qualités de noblesse et de pureté d'âme, de dévouement ardent et désintéressé à la cause de l'instruction, d'étonnante activité et d'indomptable énergie, sans compter la richesse d'imagination d'un merveilleux esprit et les dons d'une brillante éloquence ? Mais comment, ensuite, aurait-il résisté à l'attrait de l'œuvre d'un homme d'action, qui a poursuivi et atteint aux États-Unis le même but que cinquante ans plus tard les bons citoyens de France ont à leur tour proposé à leur propre effort ? Horace Mann, comme Gaufrès lui-même, ne s'est-il pas préoccupé de la moralité publique, plus encore que de la science pure et de l'éducation théorique ? Et si, quelques jours avant sa mort, Horace Mann adressait à ses amis et à ses élèves ces suprêmes paroles : « Ayez honte de mourir avant d'avoir gagné quelque victoire pour l'humanité », n'était-ce pas précisément la même inspiration qui dirigeait Gaufrès dans ses campagnes contre l'intempérance sous toutes ses formes? Ne rêvait-il pas lui aussi de remporter pour la patrie quelques victoires morales sur les mauvaises passions et sur le vice [1]?

Et comment enfin, à l'heure où la France était engagée, pour l'organisation de son instruction populaire, dans une entreprise analogue à celle qu'Horace Mann a menée à bien, au prix d'un immense labeur, de 1837 à 1848, dans la Nouvelle-Angleterre, comment un Français, tel que Gaufrès, n'aurait-il pas été heureux de demander à l'organisateur de l'école publique américaine, pour en faire profiter ses compatriotes, des exemples et des leçons?

Ce que la République française a fait dans ces trente dernières années, les États-Unis,

---

1. Quand nous avons écrit à notre tour la biographie d'Horace Mann, nous avons été singulièrement aidé par le travail antérieur et beaucoup plus développé de Gaufrès. Voyez, dans la collection les *Grands éducateurs*, l'étude intitulée : *Horace Mann et l'école publique aux Etats-Unis.*

avec un demi-siècle d'avance, l'ont réalisé sous l'impulsion d'Horace Mann. Cette similitude, cette communauté de vues d'éducation entre deux républiques, dont la plus jeune a suivi, un peu tardivement, mais avec une égale ardeur, l'exemple de sa grande sœur d'outremer, suffirait pour justifier l'intérêt de l'étude que Gaufrès a consacrée à Horace Mann. Ce n'est pas diminuer l'honneur qui est dû aux promoteurs de l'enseignement primaire français, que de dire qu'ils se sont largement inspirés des idées de leur précurseur américain. Et Gaufrès, en leur faisant connaître celui dont ils ont imité les créations, — écoles normales, écoles élémentaires gratuites, bibliothèques scolaires, conférences pédagogiques, etc., — peut légitimement revendiquer une part dans l'œuvre des républicains de 1880 et des années suivantes.

Dans son *Horace Mann*, comme dans son *Baduel*, Gaufrès s'appuyait sur une étude précise et attentive des textes. Pour que son lecteur pénétrât plus avant et plus intimement dans la pensée de celui dont il avait à grands traits raconté la vie et analysé l'œuvre, il terminait son livre en y reproduisant, traduits en français, de longs extraits des écrits principaux d'Horace Mann. Il y ajoutait enfin, comme dans une sorte d'anthologie, des pensées diverses, laborieusement recueillies dans une lecture complète des œuvres de son héros [1].

Même quand il se faisait historien, Gaufrès restait fidèle à la pensée dominante de sa vie, à sa préoccupation d'éducateur et de moraliste. « Ce n'est pas pour célébrer Horace Mann, disait-il, que ces pages sont écrites, mais pour ajouter, si possible, au bien qu'il a fait, pour essayer de lui susciter des émules, dans un pays placé comme le sien dans l'alternative, ou de faillir à ses destinées, ou de s'en rendre capable et digne par l'éducation... »

« La vaste ambition d'Horace Mann, sa tentative hardie de transformer la démocratie, se ressentait de la nouveauté d'un monde auquel n'est mesuré ni le temps, ni l'espace,

---

1. Ces diverses traductions sont d'autant plus précieuses qu'elles sont à peu près les seules que nous possédions en France des œuvres d'Horace Mann.

et qui ne connaît rien d'impossible. Jamais Américain ne fut plus fidèle à la devise : « *En avant !* » et ne marcha avec plus d'intrépidité et de confiance vers le but qu'il s'était assigné. Cette foi même fut sa force, et lui permit de transporter les montagnes. Nos visées, à nous Français, sont plus modestes : elles le sont peut-être trop, et il nous faut apprendre de cet étranger qu'un homme, même seul, est une puissance, et qu'il n'y a pas au monde de plus grande force qu'une volonté réfléchie et invariable... La démocratie sera morale où elle ne sera pas : telle a été la pensée constante d'Horace Mann. De là pour lui la nécessité suprême de l'éducation morale, tant au degré secondaire et supérieur qu'au degré primaire. Et cette vue est absolument juste. La simple culture de l'esprit, telle qu'elle se pratique chez nous, c'est-à-dire la formation du jugement, du goût, du sens critique, n'est qu'une partie et la moindre de la véritable éducation : elle ne va pas sans un grain de scepticisme, et n'est donc pas favorable à l'action... L'avenir de la France exige absolument que son gouvernement et ses citoyens entrent dans la voie frayée par l'éducateur américain, se fassent de l'éducation la même idée, et s'appliquent à égaler son effort pour la réaliser.... »

Dans ces pages que Gaufrès donnait pour conclusion à son beau livre, on voit reparaître avec force sa pensée maîtresse, celle qui le guidait dans la direction de l'institution Duplessis-Mornay, celle qui a inspiré tous ses actes, tous ses écrits. La culture de l'esprit n'est rien à ses yeux, si l'on n'y joint pas la culture morale. Faire des hommes instruits, oui sans doute, mais à condition que cela soit un moyen pour les faire vertueux. Gaufrès, pas plus qu'Horace Mann, n'a été un dilettante. Chez ces deux hommes, toutes les forces de l'âme convergeaient vers l'action et s'appliquaient à un but moral. Assurément, ils attachaient l'un et l'autre un grand prix à l'instruction, à la science, mais ils ne les considéraient pas comme la fin suprême de l'éducation. Et Gaufrès aurait volontiers redit à ses compatriotes les paroles d'Horace Mann : « Rappelez du haut du ciel l'astronome, et du fond des abîmes le géologue ; imposez silence à toutes les polémiques philosophiques et religieuses ; rassemblez tout ce que vous avez de science, de talent et d'autorité : puis allez, et instruisez le peuple ! »

III

Autres écrits relatifs à l'histoire de l'éducation. — Fichte et ses *Discours à la nation allemande*. — La pédagogie française. — Ce que Gaufrès pensait de l'œuvre pédagogique de Pécaut.

Ce que l'on retrouve dans toutes les études consacrées par Gaufrès à l'histoire de l'éducation, c'est donc le soin partout marqué de faire servir ses recherches au progrès moral de la France et à son relèvement social. Ce n'est pas en simple curieux, ni par goût d'érudition seulement, qu'il explore les idées des éducateurs du temps passé ou des pays étrangers. A tous, à Horace Mann comme à Claude Baduel, il demande des inspirations dont nous puissions profiter nous-mêmes. C'est dans cette pensée encore qu'il étudiait Fichte et ses *Discours à la nation allemande*, estimant qu'après les désastres de la guerre de 1870, la France avait quelque chose à apprendre dans les harangues d'un souffle puissant, par lesquelles, en 1807, le philosophe allemand, après la défaite d'Iéna, essayait de réveiller le sentiment national de ses compatriotes. Après avoir cité quelques passages des appels ardents et enflammés que Fichte adressait à son pays, Gaufrès faisait remarquer ce qu'il y avait de virilité, de courage, de sincérité dans son langage.

Au lieu de s'en prendre à un homme, à un général, à un ministre, comme il est arrivé chez nous, aux jours de la défaite, Fichte n'avait pas hésité à rendre la nation allemande tout entière responsable de ses échecs et de ses humiliations, à dénoncer, comme vraies causes de la défaite, l'égoïsme des individus, l'amollissement général des mœurs. Et faisant tristement un retour sur la façon dont quelques-uns de nos concitoyens expliquaient, en 1871, notre ruine nationale, Gaufrès écrivait : « Parler comme faisait

---

1. Les *Discours à la nation allemande* de Fichte, article de la *Revue pédagogique*, 1895, t. II, p. 129. Gaufrès est revenu sur ce sujet dans un autre article publié par la même *Revue* : *Les idées de Kant et de Fichte sur l'éducation*, 1er juillet 1896.

Fichte, cela vaut mieux, cela est plus digne, que de crier à la trahison et de maudire sa destinée.... »

Sur les moyens qu'une nation doit employer pour se relever d'une chute passagère, Gaufrès n'était pas moins d'accord avec Fichte. « Le professeur de Berlin, écrivait-il, chercha ce qui, au milieu de la confusion des idées, des regrets, des projets contradictoires, pouvait rallier les esprits et les pousser à une action commune. Deux idées se trouvaient dans ce cas : d'une part, le peuple allemand, si abaissé, était pourtant un noble peuple, à qui le passé avait légué de glorieux souvenirs, et capable d'une haute civilisation ; d'autre part, l'éducation seule pouvait lui rendre son ancien lustre et le préparer à de belles re-vanches. La foi à l'éducation, la foi à la no-blesse native de l'âme allemande, voilà ce que Fichte venait prêcher.... »

Et voilà aussi ce que Gaufrès a prêché à la France. Avec autant de conviction et d'éner-gie que Fichte, il comptait sur la puissance de l'éducation, à condition que l'éducation ne se contentât pas d'instruire et de transmettre des connaissances, et qu'elle exerçât de plus en plus son action sur les volontés, afin de former des caractères. Il était fier que sa propre pensée se rencontrât sur ce point avec la doctrine de Kant autant qu'avec celle de Fichte. Dans un article sur les idées de Kant en matière d'éducation, il relevait celles-ci : « La volonté tient de plus près au caractère qu'à l'intelligence : elle émane du fond même de l'homme. L'intelligence a un côté passif, purement perceptif, qui lui ménage une sorte d'indépendance, d'évolution à part. La volonté, au contraire, est toujours active ; elle est l'activité même du moi ; elle l'exprime, l'affirme, le réalise. L'éducation de la volonté est donc la véritable éducation. »

Gaufrès prenait à son compte les idées de Kant. Il voulait, comme lui, que l'effort pédagogique portât sur la culture des facultés actives, plus que sur celle de l'intelligence. Il se plaignait que chez nous l'école se fût trop longtemps accoutumée à l'idée que « sa mission essentielle était de dispenser le savoir. » Il lui demandait de devenir à la fois l'éducatrice de l'indépendance de l'esprit et de l'énergie du caractère, et, constatant avec joie que cette idée faisait son chemin en France, il empruntait à Henri Marion cette définition de la vraie méthode en éducation : « Il n'y a qu'une méthode digne de ce nom, la méthode active, celle qui donne à l'esprit l'impulsion et l'éveil, comptant avant tout sur son jeu naturel, sur son effort propre, pour assurer sa croissance et sa belle venue. »

Comme Fichte, Gaufrès pensait encore qu'il serait bon et nécessaire, pour réagir contre la mollesse des mœurs, pour secouer l'inertie morale, de présenter aux jeunes générations, comme un programme d'action et de vie, le type idéal du caractère national. « Ce type, écrivait-il, serait celui du Français de l'histoire, loyal, fraternel, épris des grandes causes, fait pour être chez nous ce qu'est chez les Américains du Nord celui des « Pères pèlerins », ce qu'était pour Fichte celui de l'Allemand. Ce type se dégagerait aisément des leçons du passé, surtout prises assez haut, à l'époque des origines, lors de la formation des premières « fraternités », des premières communes, des corporations de métiers, quand on vit jaillir de ce fonds fraternel une vie nationale, si abondante et si riche, et que le caractère français, non pas gaulois et barbare, fit son apparition dans l'histoire. On nous demande d'avoir un idéal, et l'on a raison de le demander : car c'est l'absence d'idéal, d'aspirations communes, de principes supérieurs, qui explique l'affaiblissement des caractères, les honteuses défaillances, le grossier sensualisme que tant de plaintes signalent aujourd'hui. L'idéal, le voilà ! Le *Livre du Français* ne serait ni moins nécessaire, ni moins bienfaisant pour nous, que le *Livre des villes libres* réclamé par Fichte pour l'Allemagne. »

Si Gaufrès allait souvent chercher par delà les frontières l'inspiration de sa propre pédagogie et le sujet de ses études, ce n'est pas qu'il négligeât ni qu'il dédaignât les efforts et les travaux de ses compatriotes. Il applaudissait, nous l'avons vu, aux idées de M. Michel Bréal. Il citait Henri Marion. Il suivait avec une attention particulière l'œuvre de Félix Pécaut à l'École normale supérieure d'institutrices de Fontenay-aux-Roses, et se réjouissait du succès de « cette belle expérience ». Quand parut le petit volume intitulé *Quinze ans d'éducation*, où des mains pieuses avaient recueilli quelques-unes des notes que Pécaut prenait quotidiennement pour préparer ses conférences du matin, il s'empressa de le signaler au public comme « un livre d'une rare valeur pédagogique ». Il y retrouvait avec joie l'usage de ces conversations familières du maître avec ses élèves, par lesquelles s'ouvrait chaque journée de Fontenay, et dont les deux amis avaient déjà esquissé la pratique, quand ils dirigeaient ensemble l'institution Duplessis-Mornay. Il louait Pécaut d'avoir su développer cette méthode originale, si utile pour mettre en train l'attention des élèves, pour élever leurs esprits vers des pensées sérieuses, dès la première heure de leur travail quotidien. Il l'admirait pour la façon dont il conduisait ces entretiens et les renouvelait sans cesse par la variété des sujets : « C'était tantôt le jour de Noël, et tantôt la fête du printemps; tantôt la lecture de la lettre de Pline le Jeune sur les premiers chrétiens, tantôt celle de

Mme de Maintenon sur les poupées, tantôt un vers de Victor Hugo ou un hémistiche de Corneille.... »

Mais ce que Gaufrès prisait surtout dans l'œuvre de Fontenay, c'était l'esprit général que Pécaut s'efforçait de faire régner dans cette maison d'études : un esprit de liberté sans doute, mais de liberté subordonnée à la moralité, et de moralité vivifiée par le sentiment religieux. Il écrivait : « Pécaut savait bien que la religion, quand elle n'est pas un poids mort et funeste, est la plus grande des forces sociales. » Et encore : « L'exemple du maître montrait aux jeunes élèves de Fontenay que, lorsque des principes moraux se sont emparés de l'esprit, pour y devenir d'ardentes convictions et se résumer en une idée centrale, ils forment l'unité de la vie, et préviennent l'émiettement ; ils font qu'un homme, ainsi établi sur son centre de gravité moral, est partout le même dans ses fonctions officielles et dans sa vie de famille ! » N'était-ce pas louer chez Pécaut cette belle unité morale, cet équilibre intellectuel, qu'il a su lui aussi réaliser dans sa conscience et dans sa vie ?

CHAPITRE VI

GAUFRÈS JOURNALISTE

Collaboration active de Gaufrès à divers journaux. — Sujets qu'il traitait de préférence. — Ce qui faisait la force de ses articles. — Il n'a jamais fait de politique militante. — Son opinion sur les questions de politique religieuse. — Esprit de tolérance — En quel sens il était anticlérical. — Son attitude, lors de la discussion des lois sur les congrégations. — Comment il entendait le « pacifisme ». — La paix entre les citoyens d'une même nation. — Les questions scolaires. — La laïcité. — L'école et la société. — Ce que Gaufrès attendait du développement des associations. — Les sociétés coopératives. — Les colonies de vacances. — Le mouvement social à l'étranger. — Conseils qu'il adressait aux ouvriers ; — et aux patrons aussi. — Précision de ses observations sociologiques. — Sa collaboration au *Relèvement social*. — Idée d'une fédération de toutes les sociétés de bienfaisance. — Conclusion.

Dans les vingt dernières années de sa vie, Gaufrès a écrit d'innombrables articles de journaux. Il a collaboré au *Lien*, au *Manuel général de l'Instruction publique*, à la *Revue pédagogique*, à la revue l'*Enfant*, au *Signal*, à l'*Émancipation* de Nîmes, au *Relèvement social* de Saint-Étienne, aux *Annales antialcooliques*, à l'*École nouvelle*, au *Bulletin de la société de l'histoire du protestantisme français*. Jusqu'au dernier jour, il a continué dans la presse ce qu'on peut appeler son apostolat moral : car c'est aux questions de morale sociale et d'éducation qu'il consacrait la plupart de ses articles. Le 15 août 1904, huit jours avant sa mort, l'*Émancipation* publiait encore un article signé de lui.

En relisant ces pages volantes, dont quelques-unes auraient mérité d'être réunies en volume, et dont nous allons au moins extraire quelques passages, nous sommes frappé et touché du ton de conviction profonde et énergique que Gaufrès a toujours apporté dans ses écrits. Avec lui, le journalisme devient une chaire de prédication, l'article presque un sermon. Il ne prend la plume que pour exposer une vérité morale, pour donner de sages avis sur toutes les questions

sociales, pour signaler une œuvre de solidarité ou de philanthropie, pour flétrir une
immoralité. Que les lois sont impuissantes
sans les mœurs, que les mœurs présentes
sont mauvaises, et qu'il est urgent de les
améliorer, qu'il est nécessaire de restaurer la
vertu, car sans elle une démocratie est con-
damnée à se dissoudre dans le désordre, dans
l'anarchie, dans la ruine : — voilà ce que
Gaufrès, avec une vigoureuse insistance, a
répété pendant des années à ses lecteurs. La
nécessité du relèvement moral de l'individu,
condition première de la grandeur et de la
prospérité d'une société républicaine, tel est
comme le refrain, comme le *leit motive*, qui
revient à chaque page, et qui anime, qui vivi-
fie tous ses écrits. Seul le lecteur superficiel trouvera que tout cela est un peu
monotone, que ces répétitions perpétuelles
manquent de variété. Nous estimons, quant à
nous, que c'est signe de force. L'homme
vraiment fort, en effet, n'est-il pas l'homme
d'une seule idée, celui qu'une même préoccupation dirige toujours et partout, qui pour-
suit un but unique, que rien ne détourne

enfin d'une vérité fondamentale qui possède son âme tout entière, et qu'il a le dessein passionné d'inculquer dans les âmes?

Gaufrès s'en excusait lui-même : il ne traitait, disait-il, dans ses articles que « des questions peu riantes ». Jamais d'incursion dans la littérature, ni dans les petits incidents de la politique; encore moins dans les scandales du jour. Rien de frivole : toujours du sérieux et de la gravité. Mais c'est précisément parce qu'il revenait sans cesse sur les mêmes sujets que ses idées, qu'il ne dispersait pas à droite et à gauche, prenaient une solide consistance, et que son langage était pénétrant et persuasif. Son style d'ailleurs, c'était l'homme lui-même. S'il pouvait prêcher efficacement le devoir, c'est qu'il l'avait toujours pratiqué. Ses vertus personnelles transpiraient dans les conseils qu'il donnait aux autres. Comme l'écrivait récemment un auteur contemporain, M. Paul Gauthier, dans son beau livre l'*Idéal moderne*, il faut avoir pratiqué soi-même la vertu, accompli son devoir, pour parler avec quelque autorité de la vertu et du devoir : « On ne connaît exactement que ce qu'on fait, et la morale exige du moraliste qu'il ne vive pas en marge de ses commandements. Qu'un penseur malhonnête décrive la vertu, il demeurera superficiel et atone, pour seulement l'avoir rencontrée et ne la posséder point [1]. »

Gaufrès n'a jamais fait de politique, à proprement parler. Il s'est pourtant présenté une fois à la députation, dans le quartier qui l'avait appelé à siéger au Conseil municipal de Paris. C'était en 1889. Les témoignages répétés de confiance que lui avaient accordés les électeurs lui donnaient le droit d'espérer le succès. Il échoua contre un nationaliste, M. Ernest Roche. Il eût certainement représenté dignement la France au Palais Bourbon, plus désireux d'y servir les intérêts généraux du pays, que de favoriser les demandes et les sollicitations des électeurs qui l'auraient nommé. Mais dans un temps où le souci des intérêts locaux est prédominant, cette compréhension élevée du devoir d'un représentant du peuple n'était pas précisément une recom-

---

1. Paul Gauthier, l'*Idéal moderne*, Paris, Hachette, 1908, p. 49.

mandation, ni un gage de succès. Ajoutons que l'esprit pondéré de Gaufrès et la correction un peu froide de son caractère n'étaient point faits pour complaire aux passions violentes des partis. Homme tout d'une pièce, il n'avait pas ces qualités de souplesse et d'adresse, qui semblent trop souvent nécessaires aujourd'hui pour conquérir ou séduire le suffrage universel.

Il accepta sans murmurer le verdict des électeurs, sachant bien que, sans aucun mandat officiel et avec plus de liberté peut-être, par son action privée, par ses conférences publiques, par sa collaboration à des journaux amis, il pourrait rendre à la France et à la République autant de services qu'il l'eût fait à la tribune de la Chambre des députés.

Les idées qu'il y eût exprimées, pour essayer de les faire prévaloir dans la législation de son pays, il les exposa avec force dans la presse, s'efforçant d'éclairer l'opinion, de secouer son inertie, sur tous les sujets qui lui paraissaient être des questions vitales pour l'avenir de la France. Républicain sincère et ferme, il n'était aucunement un homme de parti. Jamais il ne fut un flatteur complaisant du pouvoir. Toutes les fois que le gouvernement et le Parlement lui semblaient s'engager dans une mauvaise voie, il les avertissait franchement, hardiment, de même qu'il les encourageait avec joie dans leurs projets et dans leurs décisions quand il les jugeait conformes à ses propres sentiments de justice et de fraternité humaines.

S'il applaudissait sincèrement à la loi d'assistance aux vieillards, s'il s'intéressait avec passion au vote définitif de la loi sur les retraites ouvrières, il ne cachait pas d'autre part ses appréhensions, il ne dissimulait pas sa désapprobation, lorsqu'il croyait voir triompher dans les questions religieuses une politique illibérale. « Plus fait douceur que violence », c'est le proverbe qu'il recommandait aux méditations des gouvernants. « Rien n'est plus décevant, écrivait-il, qu'une politique de combat ; rien n'est plus sujet à de brusques retours. Si le malheur des temps, c'est-à-dire les fautes accumulées du passé, oblige à gouverner pour un parti, que ce soit le moins longtemps possible....

Blesser les gens, ce n'est pas les soumettre : c'est les exaspérer. On ne rallie pas les gens en les heurtant. »

Les mesures législatives et administratives étaient donc, aux yeux de Gaufrès, impuissantes et précaires, quand elles ne sont pas soutenues, dans leur application, par l'opinion publique et par les mœurs. S'il était autant que personne impatient de voir triompher les principes modernes, et d'en assurer la victoire décisive, c'est sur l'éducation, sur le rayonnement de la science et de l'art, sur la liberté enfin qu'il comptait. Il se défiait des mesures d'oppression ou de répression, en [matière religieuse. Il ne voyait le salut que dans le progrès, lent mais sûr, de l'esprit public. Il craignait les revirements possibles de l'opinion insuffisamment éclairée : « Tout pousse l'instinct des masses dans le sens des croyances ataviques, et les théoriciens de la raison, quand ils veulent les abattre, sont alors tout déconcertés de se trouver isolés. »

Avec autant d'énergie que Gambetta, Gaufrès aurait volontiers répété : « Le cléricalisme, c'est l'ennemi ! » Il le considérait comme un fléau ; il le mettait au même rang que l'alcoolisme et la tuberculose parmi les obstacles à la régénération du pays, à l'organisation rationnelle d'une démocratie libre. Il s'inquiétait tout particulièrement des efforts que tentaient les cléricaux pour dissimuler leur doctrine politique, et dénonçait avec quelque colère les faux libéraux qui, après avoir acclamé le *Syllabus* du pape Pie IX, criaient maintenant « Vive la liberté ! » Pour leur enlever le masque, sous lequel ils déguisaient leurs vues et leurs secrètes pensées, il remettait sous les yeux du public le texte de l'Encyclique pontificale, ce document de fanatisme et d'intolérance, où l'on nie, en leur lançant l'anathème, toutes les libertés modernes. Et il trouvait un malicieux plaisir à en publier le texte, parce qu'il croyait avoir constaté que les adversaires de ces libertés s'efforçaient de cacher, de dérober à la publicité, une pièce historique et officielle, qui démentait toutes leurs prétentions nouvelles à un libéralisme de parade.

« Ces jours derniers, racontait-il, ayant

envie de me rafraîchir la mémoire sur cet écrit, que j'avais lu autrefois comme tout le monde, je suis entré dans toutes les librairies catholiques du quartier de Saint-Sulpice, et j'ai très modestement demandé le texte latin ou français de la célèbre Encyclique. Nulle part on ne l'avait, et la réponse m'était faite avec un empressement et une hâte qui n'indiquaient pas la moindre envie de rechercher le document demandé. Dans l'une de ces librairies, on m'assura que je le trouverai peut-être aux bureaux du journal *La Croix*. Mais *La Croix* ne l'avait pas non plus. J'aurais dû m'en douter et comprendre que pour crier à tue-tête, comme on le fait aujourd'hui : « Vive la liberté! », il faut désavouer le *Syllabus*, ou l'avoir complètement oublié.... »

Mais s'il détestait l'esprit clérical, il était loin de le confondre avec l'esprit religieux : le huguenot sincère, s'il était l'adversaire du catholicisme, n'aurait consenti à aucun prix à en devenir le persécuteur. A l'intolérance théocratique il n'aurait pas voulu répondre par une intolérance à rebours, ni par une persécution politique. Les moyens violents lui répugnaient. Il ne comptait, pour libérer les esprits, que sur la propagande pacifique des idées. Pour combattre le *Syllabus*, il se serait volontiers contenté de le faire afficher en face de la *Déclaration des droits de l'homme*, laissant au lecteur intelligent le soin de comparer et de juger.

Ce sont ces sentiments de justice impartiale, de large et noble tolérance, qui expliquent l'attitude dont Gaufrès ne se départit pas pendant la discussion des lois sur les congrégations. Cette attitude de réserve, ou même de désapprobation, il la maintint courageusement dans les articles qu'il envoyait au journal *le Signal*. « Est-ce à dire, écrivait-il, que nous voulions traiter les ennemis de la liberté comme ils ont toujours traité les autres? Nullement : nous voulons seulement qu'on les connaisse bien, qu'on ne soit pas dupe de leurs protestations libérales. Mais cela fait, qu'on ne les moleste pas!... Qu'on s'abstienne avec eux de toute dureté. Qu'on se borne à les combattre par la parole et par l'exemple, en proclamant la vérité et

en rappelant les événements de l'histoire...
A la longue, ceci tuera cela ; et c'est ainsi
seulement qu'on pourra triompher définitivement de l'ignorance, de la mauvaise foi et de
l'obscurantisme. »

Et ailleurs, blâmant ouvertement le Parlement d'avoir frappé en bloc toutes les congrégations, il écrivait : « Une majorité parlementaire plus sûre d'elle-même, mieux pré-
parée à l'étude de ces redoutables questions,
n'aurait pas procédé par prohibition et suppression. Elle y aurait mis de la mesure ;
elle se serait contentée de supprimer quelques congrégations particulièrement hostiles
et tapageuses.... Elle aurait compris que le
changement d'orientation du pays était
affaire d'éducation et d'opinion. On eût mar-
ché moins vite assurément : mais combien
plus sûrement !... »

Aucun des nobles soucis qui peuvent occuper le cœur d'un bon citoyen n'était étranger
à Gaufrès. S'il regrettait qu'en 1870 « on eût
si vite traité avec les envahisseurs du terri-
toire », il n'en redoutait pas moins les malheurs certains et les hasards possibles d'une

guerre de revanche. Il était, je ne dirai pas un pacifiste, — car ce mot sonne mal, si le pacifisme est synonyme, comme il tend à l'être, de cet esprit de défaillance et de renoncement qui sacrifierait tout à la paix, même l'honneur du pays, — il était simplement un pacifique, un ami de la paix entre les peuples. Il suivait avec un vif intérêt les efforts de la *Société pour l'arbitrage entre les nations*. Il rappelait que, deux fois au moins dans l'histoire, des essais analogues avaient été tentés, en Grèce, avec le Conseil des *Amphictyons*, et au moyen-âge, avec la *Trêve de Dieu*. Il ne désespérait pas du succès de ce qu'il appelait l'« Amphictyonie de La Haye ».

« Les voix de Joseph de Maistre et du général de Moltke, préconisant la guerre, sont les dernières qu'on aura entendues en sa faveur. L'hymne de la paix sera chanté par un chœur de voix toujours plus nombreuses. L'amour et le respect de l'humanité vivent au plus profond des cœurs. Ni le Dieu de Delphes en Grèce, ni le Dieu de l'Église au moyen-âge, ne l'implorèrent avec plus d'autorité que ne le font aujourd'hui nos consciences. Ces consciences parleront de plus en plus haut, et formeront à la longue une opinion puissante.... »

C'était une joie pour lui de recueillir, quand l'occasion lui en était donnée, les premiers symptômes de l'accord des esprits d'un peuple à un autre. Assistant à Turin à un Congrès des œuvres de l'enfance, il se plaisait à constater que, sur les grandes questions de bienfaisance, « les mêmes sentiments animent les hommes de différentes nations. » — « La fraternité, écrivait-il, d'abord étroite et simplement familiale, ensuite étendue à la nation, finira par englober toute la famille humaine. »

Mais avant de rêver de la paix humaine universelle, Gaufrès songeait à la paix sociale intérieure. Avant d'espérer que la guerre disparaisse un jour entre les peuples, ne faudrait-il pas l'avoir abolie d'abord entre les citoyens d'un même pays? Et n'est-ce pas, en un sens, une guerre civile, que la lutte morale, religieuse, politique, que le déchirement haineux des partis, la division violente des opinions, qui jette les Français dans des camps opposés et les arme les uns contre les autres?

« Oh! qu'elle serait heureuse et bénie, s'écriait Gaufrès, la Société de la paix qui réussirait à rétablir l'accord entre les frères ennemis et à réconcilier tous les fils d'une même nation!... Heureux les pacifiques! Grande parole, à l'adresse, si l'on veut, de ceux qui entreprennent de supprimer la guerre; mais à l'adresse aussi, et tout d'abord, de ceux qui commencent par apaiser leurs propres animosités, et par faire l'accord entre quelques voisins; qui, à la veille d'élections politiques passionnées, s'y préparent avec sagesse et douceur, se promettant d'éviter tout propos blessant, toute injustice, et de respecter enfin la fraternité!... »

Gaufrès était trop convaincu de la nécessité de l'instruction, pour ne pas être un chaud partisan de l'école gratuite et obligatoire. Mais il était trop sincèrement chrétien, trop pénétré de l'importance du rôle de la religion dans le monde, pour approuver, sans réserve et sans appréhension, l'établis-

ment de l'école laïque, radicalement déta-
chée de tout enseignement religieux. « Jamais, écrivait-il, le passé n'a séparé l'Église
de l'école, et il faut arriver à la Révolution
française pour voir des écoles spéciales qui
soient sans rapport de subordination avec une
science centrale, comme la théologie l'était au
moyen-âge. L'avenir dira si cette tentative
de plus en plus imitée est destinée à aboutir.
Elle n'est conforme en tout cas, ni à l'esprit
de l'ancienne Université de Paris, ni à celui
de la Renaissance, encore moins à celui de
la Réforme. La vérité exige qu'on le déclare
hautement[1]. »

C'était dire, en termes réservés, qu'il se
défiait d'un enseignement laïque réduit à ses
propres forces, et qu'il craignait l'échec, au
point de vue moral, du système hardi qui
confie à la raison seule le soin d'élever et de
moraliser l'enfance. Gaufrès avait quelque
raison de vouloir attendre les résultats pour
se prononcer catégoriquement sur la valeur
de la tentative. Souhaitons qu'il se soit

------

1. Voyez l'*Enseignement protestant sous l'Édit de Nantes*, p. 25.

trompé dans ses alarmes, qu'il ne dissimulait pas. Son inquiétude aurait redoublé, s'il avait pu assister au mouvement dont nous sommes aujourd'hui les témoins, et qui tend de plus en plus à retrancher du programme des écoles laïques même le minimum de religion naturelle que les organisateurs de 1880 y avaient formellement inscrit.

L'éducateur qu'était Gaufrès n'oubliait pas combien les conditions sociales contribuent au succès de l'éducation, si elles sont favorables ; combien au contraire elles en compromettent les effets et même les annihilent, — quelque effort qu'elle fasse dans son œuvre propre, — si elles sont mauvaises, si elles en contrarient l'action. Par suite, le pédagogue en lui était devenu un sociologue, attentif à noter les symptômes inquiétants que présente notre état social, à stigmatiser les vices qui le déshonorent, à dénoncer les fléaux qui altèrent et corrompent la santé physique ou morale de la nation : plus attentif encore à en chercher et à en découvrir les remèdes. « L'alcoolisme, disait-il, abrutit le pays, la tuberculose et la mortalité enfantine le dépeuplent, la débauche l'énerve, la pornographie l'empoisonne ; c'est elle qui tue dans la jeunesse toute grandeur de sentiment, tout amour du travail, tout germe d'avenir[1]. »

L'association sous toutes ses formes était, aux yeux de Gaufrès, le grand remède. Il s'effrayait de l'isolement dont les conditions de la société moderne font trop souvent l'état normal de l'individu. Il n'attendait rien de bon de l'homme isolé, « petit grain de sable » perdu sur la grève de l'Océan humain. Il conviait ses concitoyens à chercher dans les associations un surcroît de force, un soutien matériel, et aussi un réconfort moral. L'association, école de fraternité et de solidarité, lui apparaissait comme « l'instrument régénérateur » de la société humaine : à une condition pourtant, c'est que chacun des associés y apportât son contingent, sa quotepart de vertu et de valeur morale, et qu'il fût déjà par lui même une unité forte. Gaufrès n'était pas de ces philosophes qui attribuent à l'association je ne sais quel pouvoir magique

---

1. *Bulletin de l'Association protestante pour l'étude pratique des questions sociales*, numéro de septembre 1902.

qu'elle aurait par elle-même de transformer l'humanité, et qui s'imaginent que les vertus sociales dispensent et peuvent se passer des vertus individuelles. « L'important, disait-il, c'est de se civiliser, de se moraliser soi-même. »

Les associations de coopération étaient un des objets privilégiés de l'attention de Gaufrès. « J'ai toujours eu, disait-il, une tendresse d'âme pour les unions coopératives. » Chaque fois qu'il apprenait la fondation d'une de ces sociétés, il la saluait avec faveur, comme un événement des plus heureux. Il en faisait ressortir les mérites : comme, par exemple, dans son article sur la coopération des *Baguettes et cadres dorés de Milan*. Et pour en démontrer l'efficacité et les précieux résultats, il citait des exemples. Ainsi il racontait avec complaisance ce que la coopération a réalisé dans un village de France, à Brie-sous-Matta, dans la Charente. Dans cette petite commune, le phylloxéra avait dévasté les vignobles et ruiné les vignerons. Alors un homme d'initiative, un simple instituteur, eut l'idée d'organiser une coopérative, une beurrerie, qui prospéra. Et le résultat fut que les revenus de la commune décuplèrent en cinq ans. « La commune possédait quinze vaches en 1887 : elle en a maintenant deux cent trente.... » Généralisant cet exemple, Gaufrès concluait qu'il faut apprendre aux ouvriers, aux commerçants, aux industriels, ce qu'il appelait « l'art de se retourner ». — « L'homme d'aujourd'hui, disait-il, est dans de tout autres conditions que l'homme du passé. Les circonstances peuvent à chaque instant l'obliger à changer son fusil d'épaule.... Pensons aux paysans Charentais qui maintenant se frottent les mains d'avoir passé du vin au lait, en vendant du beurre en place d'alcool. Le menuisier devrait savoir toute la menuiserie ; le serrurier, tout ce qui concerne le fer ; tout homme devrait savoir au moins une autre langue que la sienne.... »

Esprit pratique et positif, Gaufrès n'a jamais donné dans la chimère des rêves irréalisables. Ainsi, et en cela, croyons-nous, il donnait une nouvelle preuve de sa clairvoyance habituelle, il n'a jamais cru au triomphe durable du socialisme, de celui du moins qui prétend bouleverser de fond en comble les bases de nos institutions. Il n'acceptait des doctrines socialistes que les idées humanitaires : l'amour du peuple, l'union des travailleurs, les revendications qui aspirent au progrès de l'égalité et de la justice. Mais tout le reste, « utopie, violence », cela, d'après lui « ne devait pas faire long feu ». Espérons qu'il ne se trompait pas, et qu'il avait raison de compter sur la diffusion des idées saines, pour écarter les utopies des révolutionnaires et des anarchistes. Il a fait en tout cas, dans la mesure de ses forces, tout ce qu'il pouvait pour affermir le bon sens public, et pour faire triompher les idées de prudence et de sagesse.

Il était, pour ainsi dire, à l'affût de toutes les nouveautés philanthropiques, qui peuvent sans secousse améliorer le sort de l'humanité. En France il ne laissait passer aucune idée, aucune inovation de ce genre, sans la signaler, sans la patronner, et lui témoigner une sympathie effective. Les « Foyers du soldat », les « Amicales d'anciens élèves des écoles primaires », n'ont pas eu d'approbateur plus encourageant, d'ami plus chaleureux. Il accordait une attention particulière à l'œuvre des *Colonies des vacances*, que son ami, le pasteur Comte, a soutenue et développée avec une si louable ardeur.

Comment ne pas s'intéresser en effet à cette institution à la fois hygiénique et morale, qui, chaque année, recueille, dans les villes populeuses surtout, des enfants souffreteux et débiles, « fleurs d'anémie »; qui les soustrait pour quelque temps à l'air vicié des grandes agglomérations urbaines, et qui, en leur assurant pendant quelques semaines le séjour pur et sain de la campagne, de la mer ou de la montagne, « donne à leurs pauvres petits corps un peu plus de poids et de force, à leurs âmes des idées et des joies nouvelles ! »

Rien n'échappait donc à Gaufrès de ce que la charité religieuse, ou la bienfaisance laïque, suggère d'efforts à nos compatriotes pour soulager les misères de l'humanité souffrante. Mais c'est à l'étranger aussi, par delà les frontières, qu'il suivait le mouvement des œuvres sociales. En Suisse, notamment où il a résidé plusieurs fois pour y jouir du repos de ses vacances annuelles, il étudiait le *Pénitencier agricole* de Witzwyl, et louait les moyens qu'on y employait pour améliorer les mœurs et réveiller les consciences des prisonniers, pour les empêcher de se pervertir davantage dans la promiscuité malsaine de la vie commune, pour les rendre enfin à la société plus honnêtes et moralisés par les saines habitudes du travail des champs.

Gaufrès avait d'ailleurs une affection marquée pour la Suisse. Il aimait les mœurs simples de ses habitants. Il lui faisait honneur d'avoir réalisé, avant d'autres pays, des améliorations utiles aux mœurs. C'est ainsi qu'il rappelait que l'institution des colonies de vacances était une idée suisse, appliquée dès 1876 par un pasteur de Zurich, alors que, chez nous, elle n'avait été inaugurée par M. Cottinet que quelques années plus tard, en 1889. « Des hautes terres de la Suisse, avait dit M. Cottinet, — et Gaufrès le répétait après lui, — les grands exemples découlent aussi naturellement que les grands fleuves. »

S'il allait chercher en Amérique, comme

il l'a fait dans son livre sur Horace Mann, des leçons à proposer aux éducateurs français, c'est à l'Angleterre aussi qu'il demandait des exemples, pour les recommander aux ouvriers et aux industriels de notre pays. La lecture du beau livre de M. Paul de Rousiers, *La question ouvrière en Angleterre*, l'avait vivement impressionné ; et il l'analysait avec soin dans trois articles pleins de faits et d'idées. La transformation de l'industrie et de la vie ouvrière, à raison du développement du machinisme, lui paraissait chose inévitable. La manufacture en effet a supplanté pour toujours le petit atelier d'autrefois ; la machine a remplacé l'outil. Les progrès constants de l'outillage industriel, les inventions nouvelles modifient sans cesse le travail des ouvriers, et les perturbations qui en résultent obligent les travailleurs à acquérir de nouvelles techniques. Gaufrès rappelait aux ouvriers qu'en Angleterre, « quand un métier ne paie pas, on en cherche un autre, et quand la métropole n'offre pas de ressources, on part pour les colonies ». Il célébrait l'esprit d'initiation de la race anglo-saxonne, et aussi ses vertus morales. Toujours fidèle à son rôle de moraliste, « il n'y a, disait-il, qu'une solution à la question sociale, le relèvement moral de l'ouvrier » : c'est-à-dire la tempérance, l'énergie au travail, la maîtrise de soi : « le *self control* est au moral ce que l'endurance est au physique ».

Ce n'est pas aux ouvriers seulement, c'est aux patrons aussi qu'il adressait de sages conseils. Il leur parlait des patrons modèles de l'Amérique et de l'Angleterre : par exemple, de ces industriels des États-Unis, qui prennent grand soin de la nourriture et des logements de leurs ouvriers, dans un pays où comme à Apollo, près de Pittsburg, « on refait des villes, on les reconstruit sur un plan rationnel, pour les adapter aux nécessités et aux besoins de la classe ouvrière »; ou encore de ces manufacturiers d'Angleterre, qui, comme les Caldbury, de Birmingham, se dévouent à 3.000 ouvriers, limitent le travail à 8 heures, exigent que les femmes mariées restent à la maison pour s'occuper des enfants et du ménage, ouvrent des maisons de retraite aux vieillards, des bibliothèques pour tous aux moments de loisir et de repos, et finalement font cadeau à leur famille ouvrière d'un terrain, où s'élèvent, construites à leurs frais, plus de 300 maisons d'habitation.

Dans ses études de sociologie, Gaufrès ne se contentait pas d'émettre des pensées généreuses, encore moins d'énoncer des affirmations en l'air. Il s'appuyait toujours sur des faits certains, sur des statistiques précises. Ainsi, ayant constaté, non sans mélancolie, les ravages de la tuberculose dans les rangs de la marine française il notait la proportion exacte de la mortalité due à cette cause spéciale; 9,49 sur mille, alors que dans la marine anglaise elle ne serait que de 3,56....

De même, quand il parlait de la mortalité infantile, il ne se bornait pas à des phrases chaleureuses pour recommander aux familles françaises, si elles ne veulent plus avoir beaucoup d'enfants, de veiller au moins à conserver ceux qu'elles ont. Il leur soumettait, pour les émouvoir, les chiffres navrants qui établissent que, sur 1.000 décès, on compte 510 décès d'enfants : « La France perd par an 250.000 de ses fils,... et elle s'amuse avec frénésie ! » Ou bien encore, exposant l'œuvre de l'assistance publique, il nous apprenait que la seule ville de Paris compte 550.000 assistés, et il les dénombrait par catégories : 243.820 hospitalisés, malades ou vieillards, aliénés, enfants malades et sans ressources ; 246.500 assistés à domicile, indigents ou nécessiteux, femmes en couche, et enfin 60.500 enfants assistés et moralement abandonnés.

Quelque sévère qu'il fût pour les vices de l'humanité, Gaufrès était compatissant et bon pour les coupables. Il se réjouissait du succès de la loi de sursis, de la loi Bérenger. Il constatait avec joie que, pendant dix ans, depuis la date de sa promulgation, le 26 mars 1891, la nouvelle législation avait eu les plus heureux effets ; puisque, sur 230.000 sursis accordés, les récidives donnant lieu à la révocation du sursis n'avaient pas dépassé 5, 4 %; alors qu'auparavant la proportion des récidivistes correctionnels était de 46 %. Sans vouloir, par un excès de faiblesse, désarmer la justice et énerver les lois, il approuvait toutes les dispositions légales qui tendent à adoucir les peines criminelles, et

qui, par l'indulgence et le pardon, favori-
sent le relèvement du coupable, toutes les
fois que sa moralité n'est pas irrémédiate-
ment perdue. Et toujours inspiré par ses
croyances religieuses, il écrivait : « Notre civilisation, quoi qu'elle en pense, est chrétienne
dans ce qu'elle a de meilleur; elle comprend
la clémence et la miséricorde. »

Le journal auquel Gaufrès collabora le
plus activement, ce fut la vaillante petite
feuille, organe *de la Ligue de la moralité publique*, que le pasteur Comte publie à Saint-
Étienne sous ce titre : *Le relèvement social*.
Depuis 1902 jusqu'à sa mort, Gaufrès ne
cessa d'y écrire régulièrement. Il en était
devenu un des rédacteurs attitrés, unissant
ses efforts à ceux de son infatigable directeur, et combattant à ses côtés le bon combat
contre toutes les formes du vice. Cette collaboration assidue était pour lui comme une
fonction, qu'il se serait reproché de ne pas
remplir ponctuellement et avec une scrupuleuse exactitude. Et il en donnait une preuve
touchante, lorsque, quelques semaines avant
sa mort, sentant faiblir ses forces, il deman-

dait à son directeur un congé de quelques jours, qui devait être, hélas ! la retraite définitive.

Pas n'est besoin de dire quelles questions traitait Gaufrès, dans un journal dont le titre exprimait la pensée maîtresse de toute sa vie. Dans plus de cent articles, c'est toujours la même préoccupation qui l'anime : dévoiler les faiblesses de la société contemporaine, et chercher les moyens de guérir ses plaies morales. Et toujours il n'en apercevait pas d'autre que les efforts individuels de tous les bons citoyens, et l'union de ces efforts dans des sociétés d'action et de propagande. « Sous quelque aspect qu'on examine la question du progrès et la vie publique, on voit toujours que ce progrès tient à celui des individus, que tout dépend de leurs dispositions et de leurs volontés. Une monarchie peut être grande par la grandeur de son roi et le mérite de l'élite qui l'entoure ; la grandeur d'une démocratie ne peut s'appuyer que sur les hauts et généreux sentiments de la majorité des citoyens. »

Et voilà pourquoi Gaufrès rêvait toujours,

comme il le faisait déjà en 1870, de la cons-
titution d'une grande ligue du bien public,
d'une fédération de toutes les sociétés déjà
existantes, qui, sous des noms différents, pour-
suivent toutes à peu près le même but, afin
de concentrer leur labeur, et d'en accroître
la puissance et l'efficacité par une action commune. Une fusion de ce genre aurait assurément certains avantages. Gaufrès s'inquiétait parfois de ce qu'il appelait d'un mot
mal fait, mais expressif, la « *comitéomanie* ».
Trop de sociétés distinctes, séparées, éparpil-
lant leur action, aspirant chacune à avoir
son bureau, son président, son secrétaire
général.... Mais, d'autre part, ne serait-il pas
à craindre qu'englobées dans une organisation unique, les sociétés particulières n'y
perdissent un peu de leur ardeur, de leurs
initiatives propres? Et Gaufrès concluait
qu'une fédération ne serait désirable que si
chaque société fédérée y conservait un peu de
son autonomie.

Gaufrès a donc été un journaliste, mais
un journaliste à sa manière : manière sévère
et grave. Peut-être même lui aurait-il déplu

d'entendre accoler cette épithète à son nom. Il n'aimait guère en effet les journaux de son temps, et il lui est arrivé de dire : « La presse n'a jamais été bonne ; mais celle d'aujourd'hui est détestable. » Il voyait avec chagrin que de plus en plus les journaux, dans leur désir de parvenir à un fort tirage, multipliaient les chroniques scandaleuses, les histoires criminelles, et ne cherchaient qu'à satisfaire la curiosité malsaine d'un certain public. Et pour excuser la sévérité de son jugement, il invoquait le témoignage de Louis Blanc, et le souvenir d'une conversation qu'il avait eue avec lui vers 1860. Louis Blanc ne lui avait pas caché en effet qu'il considérait la lecture habituelle des journaux comme une occupation « déprimante, affaiblissante et même abêtissante... »

Mais il y a journaux et journaux, et toute autre était l'action de ceux où Gaufrès écrivait. Les articles qu'il y publiait sont à la fois instructifs et fortifiants. Il s'en faut que nous ayons pu, dans une rapide et incomplète analyse, relever et retenir tout ce qu'ils renfermaient d'utile et d'excellent. Que de leçons profitables ils apportaient à leurs lecteurs ! Nous en avons pourtant assez dit pour montrer quel en était le caractère général. Ajoutons seulement qu'ils représentent une somme de travail considérable. Pour les écrire, il a fallu beaucoup de réflexion et de patience. Mais il y fallait aussi d'abondantes lectures de journaux et de livres, de livres étrangers et de livres français ; il y fallait une observation attentive de tous les faits qui intéressent le mouvement social. Avec Ruskin et avec Tolstoï, Gaufrès étudiait les moyens de répandre le goût et le sentiment du beau, de créer un art pour le peuple. Avec des ligues telles que l'*Alliance d'hygiène sociale*, ou l'*Union française antialcoolique*, il menait campagne contre un fléau dont il suivait les ravages jusque dans les montagnes du Tyrol, et qu'il appelait « un suicide en masse, un suicide social ». Avec d'autres, par exemple avec la *Ligue contre la licence des rues*, il poussait un cri de guerre contre les images licencieuses et les exhibitions obscènes. A un article sur les *Midinettes* parisiennes en succédait un autre, sur le *Jeu à Monaco*. Aussi soucieux de la santé physique que de la santé morale de ses concitoyens, il applaudissait à la création des laboratoires d'analyse, à celle des restaurants populaires.

S'il ne ménageait pas ses louanges aux sociétés de fondation récente, *le Patronage familial*, créé par M. Albanel, le *Sauvetage de l'enfance*, la *Ligue pour le repos hebdomadaire*, il n'oubliait pas celles qui se sont mises à l'œuvre il y a plus de cent ans : par exemple, la *Société philanthropique*, qui, par un effort plus que séculaire, puisqu'elle date de 1780, prodigue les larges libéralités que lui permet un budget annuel de 727.000 francs. Enfin rien ne lui était inconnu, rien n'échappait à ses investigations, et à ses perpétuelles enquêtes, de ce qui se rapporte aux manifestations variées de l'assistance publique ou privée.

Dans cette campagne de tous les jours contre les maux de la société présente, Gaufrès ne s'est jamais découragé. Il a dû traverser sans doute plus d'un moment de tristesse, en présence des misères morales qu'il ne flétrissait que pour les guérir, et qu'il ne guérissait pas toujours : mais la plume ne lui est jamais tombée des mains. Il était trop conscient de la profondeur du mal, pour se faire illusion sur la possibilité d'un succès immédiat dans l'œuvre de la réorganisation morale. Il constatait avec chagrin que, parmi ses articles du *Relèvement social*, on lisait de préférence ceux où il flagellait les vices de ses contemporains, plutôt que ceux où il parlait des œuvres d'amélioration sociale, destinées à y porter remède. Il savait bien que les paroles pleines de chaleur et de vie qu'il semait dans les colonnes des journaux, tombaient trop souvent sur un sol ingrat et qu'aux hommes qui pratiquent et enseignent le dévouement, s'opposent des masses profondes d'indifférents et d'égoïstes. « Belles et bonnes sont les œuvres sociales, ajoutait-il : seulement elles s'agitent dans un milieu réfractaire et hostile. » Mais il ne perdait pourtant pas courage. Chaque jour il se remettait à l'ouvrage ; heureux s'il avait réussi à réchauffer le zèle de ses amis et à enrôler quelques hommes de plus dans les rangs de l'armée du bien.

CHAPITRE VII

L'ACTION SOCIALE

Gaufrès homme d'action. — Un pessimiste courageux. — Conférences scolaires et populaires. — Enumération des sociétés et des œuvres dont Gaufrès a fait partie. — Il a présidé l'Association des chefs d'institution de la Seine. — L'éducation du peuple. — Les Universités populaires. — La réforme des mœurs individuelles, point de départ de la réforme sociale. — Campagne contre l'alcoolisme. — Œuvres diverses de bienfaisance. — L'assistance par le travail. — Matinées pour ouvrières. — L'*Orphelinat de la Seine.* — Origines et fondation de cet asile. — Ce fut son œuvre de prédilection. — Il la présida longtemps. — Hommage que lui rend son successeur à la présidence, le Dr A. Mathieu. — La *Ligue pour le relèvement de la moralité publique.* — Campagne contre la presse pornographique. — Un article de Gaufrès.

Gaufrès, dans les tableaux un peu sombres qu'il lui est arrivé si souvent de tracer des mœurs contemporaines, peut paraître porté au pessimisme : mais s'il y a un pessimisme sans courage, qui aboutit au scepticisme et au laisser-aller, ce n'était pas le sien, tant s'en faut. S'il a souffert plus que personne, dans son cœur de patriote et d'honnête homme, des maladies morales qui désolaient son pays, il n'en a pas été seulement l'observateur affligé : il a voulu, pour sa part, en être le médecin. Certes, il voyait les maux du présent avec une rare acuité de pénétration, mais il ne désespérait pourtant pas de l'avenir. Son pessimisme était un pessimisme courageux qui l'excitait à l'effort et qui aboutissait à l'action.

Gaufrès a été un homme d'action. Ce n'était pas un de ces philanthropes en chambre, qui se contentent de gémir, dans de mélancoliques écrits, sur les plaies de la société, et qui ne font rien pour les panser. Aux lamentations stériles, il préférait les œuvres actives et utiles. Il écrivait; il parlait; il agissait par la plume et par la parole ; et c'est par des conférences publiques qu'il continuait, qu'il complétait l'action de ses écrits.

Il s'associait à toutes les entreprises philanthropiques qui naissaient autour de lui, et plus d'une fois il en a fondé de nouvelles, issues de son initiative personnelle.

Où n'est-il pas allé porter la bonne parole, ce vieillard dont on a pu dire que sa vaillance faisait rougir les jeunes? Partout où s'offrait une œuvre à faire de propagande morale, on le trouvait, toujours prêt à payer de sa personne.

A l'Association polytechnique, par exemple, après avoir exposé ce qu'il appelait les « origines fraternelles de la France », il invitait ses auditeurs à redoubler d'efforts pour organiser la fraternité, « pour lui créer des cadres », en s'associant, en se syndiquant.

Aux écoles Turgot et J.-B. Say, en 1900, il réunissait les élèves sortants : il leur enseignait « le devoir social après l'école » ; il leur montrait que ce devoir est une « dette », une dette de solidarité, contractée envers tous nos semblables. « D'autres ont travaillé pour vous, leur disait-il, vos parents d'abord, votre mère surtout, puis cette multitude d'hommes, dont la main et l'esprit ont tout aménagé autour de vous. Membres d'une famille, d'une cité, d'un État, vous avez tout reçu : vous redevez tout. »

A la Société pour l'étude des questions d'enseignement primaire, Gaufrès prenait pour sujet d'une belle conférence *l'Éducation morale à l'école*[1]. S'il s'y félicitait du développement de l'instruction, de la multiplication et de l'embellissement des écoles publiques, de l'enrichissement des programmes, il se demandait avec inquiétude si l'on avait fait assez pour l'éducation des enfants ; et, après avoir établi la nécessité et aussi la possibilité de l'enseignement de la morale, il indiquait par quels moyens un instituteur avisé le rendra profitable et fécond.

A ceux qui contestent encore qu'on puisse par l'éducation agir efficacement sur la moralité de l'enfant, il répondait : « C'est le principe vital, la loi suprême de la pédagogie, que les facultés, comme les organes, se développent par l'exercice, et ne se développent que par l'exercice. Si, par l'exercice, l'agilité des doigts et la subtilité de l'ouïe se développent

---

1. *L'Éducation morale à l'école*, conférence faite le 28 février 1889, une brochure in-8° de 24 pages.

à un degré surprenant chez les musiciens, la force physique chez les portefaix de Constantinople, la vigueur du jarret chez les Alpins et les soldats, l'art d'écrire chez les écrivains, la puissance de réflexion chez les philosophes, les tacticiens et les hommes de loi ; — les facultés morales, douées de la même élasticité, peuvent atteindre chez chacun de nous, par l'exercice aussi, le même degré de vigueur et de force. »

Mais pour que l'éducateur parvienne à ce résultat, il ne faut pas qu'il se contente d'un enseignement abstrait et de pure mémoire, ni que ses leçons de morale se réduisent à exposer « un catalogue de vertus, faisant suite au catalogue des parties du discours et des dates de l'histoire. » — « Nous négligeons trop, ajoutait Gaufrès, de faire agir l'esprit de l'enfant, et d'éveiller son intérêt. Cette participation de l'élève à la leçon, que les pédagogues allemands désignent par le mot de *Theilnahme*, et sans laquelle le maître n'est qu'un forgeron qui bat le fer à froid, que faisons-nous pour l'exciter ? Nous nous en inquiétons si peu que pour obtenir quelque application de l'enfant, nous avons recours à des stimulants étrangers à l'objet même de l'enseignement, aux récompenses, à l'émulation, aux prix…. Nous sommes tellement convaincus que nos leçons sont ennuyeuses, et que les enfants ont l'étude en haine, que nous cherchons hors d'elle un moyen de séduire leur attention. Nous sommes pourtant sans cesse témoins que lorsqu'un objet excite leur curiosité, lorsqu'un récit est approprié à leur état d'esprit, leur attention est intense, leur désir est insatiable, leur plaisir extrême, au point qu'ils en oublient le jeu et le manger »…

C'était dire, avec autant de finesse d'observation que de bon sens pédagogique, que l'enseignement de la morale, comme tout autre, doit être présenté à l'enfant sous une forme intéressante qui le captive et le pénètre ; que l'intérêt, comme l'ont montré avec tant de force Herbart et M. William James, est le talisman de l'attention, le secret de l'art de l'éducation.

Gaufrès avait foi dans l'efficacité des conférences. Il y voyait un instrument précieux de propagande. Dans ses dernières années, il

se réjouissait d'apprendre que les conféren-
ciers populaires se multipliaient en France,
et qu'ils trouvaient plus de succès que n'en
avait eu aux États-Unis Horace Mann lui-
même, qui a conté plaisamment que, de son
temps, si l'on voulait faire le vide et disperser
tout attroupement, il suffisait, sans recourir
aux sommations légales, d'annoncer une conférence pédagogique... En outre, Gaufrès était
particulièrement heureux de constater quels
étaient les sujets traités dans ces réunions
populaires, et il notait avec satisfaction,
d'après un des rapports annuels de M. Édouard
Petit, l'apôtre des œuvres post-scolaires, qu'en
1900 « plus de 20.000 conférences avaient été
faites contre l'intempérance et l'alcoolisme ».

Mais ce n'est pas seulement par des conférences éphémères, faites à des auditoires de
passage, que Gaufrès participait à l'action
sociale de son temps. C'était aussi par un
travail assidu, en participant à des œuvres de
longue haleine, en les soutenant tout au moins
de ses conseils vigilants, quand il ne les dirigeait pas, quand il n'en avait pas lui-même
conçu l'idée et réalisé le plan.

Il serait peut-être suffisant, pour se rendre compte de l'activité sociale de Gaufrès, d'énumérer les œuvres qu'il a créées, ou auxquelles il a collaboré, les sociétés et les ligues qu'il a présidées ou dont il a fait partie. Le Conseil supérieur d'hygiène et de salubrité, le Conseil de surveillance de l'assistance publique, la Commission consultative de l'Institution nationale des sourds-muets, la Société pour l'encouragement de l'instruction primaire parmi les protestants de France, d'autres encore l'ont compté parmi leurs membres les plus agissants.

De même l'Association des maîtres de l'enseignement secondaire libre de la Seine a eu à se louer de ses services. Ses collègues lui avaient témoigné la confiance et l'estime qu'il leur inspirait, en lui donnant pendant de longues années la présidence de leur Société. Dans cette fonction, comme dans toutes les autres, ce n'était pas l'honneur seul du titre de président ou de secrétaire général que Gaufrès se laissait attribuer : il en assumait avec un zèle infatigable la peine et les charges. J'en eus personnellement la preuve en 1882, pendant qu'on discutait à la Chambre des députés la loi, dont j'étais le rapporteur, sur les garanties à exiger des maîtres de l'enseignement privé. Gaufrès, en sa qualité de président de la Société des chefs d'institutions, m'écrivit lettre sur lettre, pour m'exposer combien les nouvelles exigences établies par la loi gêneraient, jusqu'à en compromettre l'existence, l'enseignement libre laïque. Et je tins compte dans mon rapport des observations de mon correspondant, touché de leur justesse, et aussi de l'énergie qu'il mettait à défendre sa cause.

Dans la seconde partie de sa vie, ce n'est plus l'enseignement secondaire, ce fut l'éducation populaire qui occupa la première place dans les préocupations de Gaufrès. Il lisait avec attention les rapports annuels de M. Édouard Petit; il y enregistrait les progrès des cours d'adultes. Il s'intéressait au développement des mutualités scolaires, des « petites Cavé », et il avait plaisir à le dire dans des articles de *l'École nouvelle*. Au Conseil municipal, nous l'avons vu, rien de ce qui intéressait l'enseignement primaire ne lui était indifférent. Mais il ne se contentait pas de prodiguer des conseils, des encouragements, à tous ceux qui travaillaient pour l'instruction populaire. A l'Orphelinat de la Seine [1], il était devenu lui-même un éducateur du peuple. « Pour ma part, écrivait-il dans le *Manuel général de l'Instruction publique*, j'ai dans la première partie de ma carrière élevé plus de huit cents jeunes gens de familles aisées. J'ai élevé depuis, dans des conditions différentes, six cents enfants de familles ouvrières. » Et toujours hanté par sa pensée dominante, il ajoutait : « Chez les uns et chez les autres, j'ai toujours constaté que leur réussite dans la vie était due à leur tenue morale. »

Bien avant que la mode fut venue des « Universités populaires », Gaufrès avait compris l'utilité et l'importance sociale de ces groupements, où ceux qui sont plus instruits viennent communiquer leur science à ceux qui le sont moins, ou qui ne le sont pas du tout. Nous avons sous les yeux une bro-

____

1. Voyez *infra*, p. 200.

chure signée de lui, et qui, sous ce titre : *Un cercle d'étudiants et d'ouvriers* [1], expose l'histoire d'une œuvre entreprise dès 1883 par M. Fallot et quelques-uns de ses amis, fondateurs de la *Société d'aide fraternelle et d'études sociales*. Il s'agissait d'instituer ce qu'on appelait alors des « colonies universitaires », c'est-à-dire des sociétés où des fils de la bourgeoisie, des étudiants de la Sorbonne, se rapprochaient du peuple et venaient remplir auprès de lui une mission d'éducation intellectuelle et morale, de solidarité sociale. Gaufrès fut chargé de recommander particulièrement à l'attention du public le cercle établi à Vaugirard. Il le fit avec chaleur, tout pénétré de sympathie pour une forme nouvelle et si intéressante d'éducation populaire, tout plein de reconnaissance pour les bons citoyens qui, après M. Fallot, avaient collaboré à l'œuvre, M. R. Allier, M. le pasteur Wagner, M. Maurice Bouchor; sans oublier « la bonne douzaine de braves étudiants »

---

1. *Un cercle d'étudiants et d'ouvriers*, patronné par MM. R. Allier, F. Buisson, Gaufrès, Paul Laffitte, Mangin, Gabriel Monod, Fr. Puaux, Salomon Reinach, etc.

qui, outre leurs conférences du soir, avaient
organisé le jeudi un secrétariat populaire, où
ces médecins et ces avocats en herbe apportaient aux pauvres gens qui venaient les con-
sulter les secours de leur jeune savoir.

La philosophie sociale de Gaufrès était
une philosophie individualiste. Il était de
ceux qui pensent que la réforme des sociétés
humaines ne peut avoir de point d'appui
solide que dans la pratique des vertus personnelles, la pureté, la tempérance, le courage, la prudence, l'amour du travail ; et que
c'est du dedans de la conscience, plus encore
que des lois politiques et des améliorations
extérieures, que peut provenir un mouvement
sérieux de régénération sociale. Mais il était
bien loin de confondre l'individualisme avec
l'égoïsme. Le véritable individualisme n'est-il
pas celui qui élargit son moi dans l'amour
d'autrui, et qui, pour ainsi dire, se socialise?
On n'est pas un homme de bien si, satisfait
de son propre bonheur, on laisse les autres
se débrouiller tout seuls. Ce sont des paroles
de dureté américaine que celles qu'on a
attribuées au président Roosevelt : « Nul n'a

droit à être *porté* ». Il y a au contraire chez nos semblables, — et c'était bien la pensée profonde de Gaufrès, — des misères, des souffrances, des faiblesses, qu'il est de notre devoir de « porter », c'est-à-dire de soulager, d'atténuer dans la mesure du possible. Sans doute Gaufrès ne voulait pas de la charité désordonnée, faite au hasard. Il critiquait « la fausse philanthropie » des soupes populaires. Mais il demandait à ses concitoyens de ne pas s'enfermer dans leur égoïsme, et de se dévouer au bien de l'humanité, en l'instruisant et en la moralisant.

Ce n'est pas l'ignorance seulement que Gaufrès aurait voulu extirper de l'âme populaire. Il savait bien que la portée morale de l'instruction a ses limites, et qu'il n'est pas vrai de dire avec le poète :

Tout enfant qui sait lire est un homme sauvé.

L'école ne suffit pas pour régénérer un peuple. Il est nécessaire que l'effort de l'école soit secondé par les mœurs publiques, et il s'en faut qu'elle le soit chez nous.

« Que de gens, et des meilleurs, écrivait

Gaufrès, les plus nombreux, honnêtes pour leur compte, laborieux, modestes même et ennemis du bruit, ne se soucient que d'eux-mêmes, de leurs intérêts ! Absorbés qu'ils sont dans leurs devoirs professionnels, ils croient s'acquitter ainsi de toutes leurs obligations, sans se douter qu'il en existe de supérieures, qui sont les obligations sociales. Ils laissent aux gens douteux la vie publique et la rue, presque aussi corrompues l'une que l'autre, et leur silence rend d'autant plus éclatantes les voix criardes de l'intrigue, de la violence et de la mauvaise foi. De là provient la déplorable réputation qui nous est faite à l'étranger. De là, surtout, la grossièreté de mœurs, le laisser-aller, l'intempérance raffinée ou rebutante....

» Comment le peuple laissé à lui-même, abruti par l'atelier, privé le plus souvent de foyer, échapperait-il à une corruption effroyable ? Et pour appliquer les mêmes considérations à la vie des villages, comment ceux qui y restent, échapperaient-ils à la routine, aux préjugés, au découragement, quand l'émigration vers les villes a éloigné les courageux et les capables ? Surpopulation à la ville, dépression et marasme aux champs, comment pourrait ne pas s'abaisser le niveau moral de la nation ? Comment une opinion publique, saine, vigoureuse, capable d'éclairer les pouvoirs publics, résulterait-elle de l'abdication de presque tout ce qui est raisonnable, de la passion de tout ce qui est superficiel ou intéressé ?... [1] »

De tous les vices populaires un de ceux dont les désastreux effets effrayaient le plus Gaufrès, c'était l'alcoolisme.

« De tous les fléaux qui menacent l'avenir de notre race, disait-il, l'alcoolisme est peut-être le plus redoutable. Il hébête, il avilit ceux qui en sont directement les victimes. Il les condamne à la maladie, au vice, parfois au crime. Mais, à travers eux, il atteint leur descendance ; il corrompt à l'avance la santé de leurs enfants ; il vicie leurs instincts ; il leur transmet des tares héréditaires ; il prépare un peuple de dégénérés. »

Aussi, en 1903, lorsque le Dr Legrain entreprit sa belle campagne contre l'alcoo-

---

1. *L'École Nouvelle*, 18 novembre 1899.

lisme, Gaufrès s'associa à ses efforts et joua à côté de lui un rôle des plus actifs. C'est ce que le Dr Legrain nous apprend lui-même dans la lettre de condoléance qu'il écrivit à Mme Gaufrès le 27 août 1904, après la mort de son vaillant compagnon de lutte, qu'il regrettait d'avoir perdu trop tôt : « Je m'étais tellement habitué à considérer M. Gaufrès comme un père que sa disparition creuse un grand vide dans mon cœur. Un des gros chagrins de ma vie sera toujours de n'avoir pas connu plus tôt cet excellent homme, dont le caractère si élevé grandissait tout ce qui qui l'entourait.... »

*
* *

Les œuvres de bienfaisance auxquelles Gaufrès a apporté le concours de son dévouement ne se comptent pas. Il fut, avec M. Raoul Bompard, l'un des promoteurs, dans le XVIIe arrondissement, de la société d'assistance par le travail ; et cette œuvre, qui a pour but de justifier l'aumône par la tâche accomplie, a été imitée dans plusieurs autres arrondissements de Paris.

L'emploi de la journée du dimanche dans le monde ouvrier était un des soucis de Gaufrès. Aussi le trouvons-nous parmi les sociétaires de l'œuvre de protection des jeunes filles dans les promenades dominicales. D'autre part, il avait organisé lui-même, dans son quartier, des matinées pour ouvrières, qui se tenaient dans un préau d'école des Batignolles. Des dames de bonne volonté présidaient à ces réunions. On y faisait de la musique, on y jouait des proverbes, de petites pièces; on y servait du thé et des gâteaux.... C'était la première ébauche de ces patronages laïques, qu'on a vus se multiplier dans ces dernières années, et qui, sous des formes diverses, cherchent à soustraire les jeunes gens aux dissipations malsaines et à la contagion de la rue.

Mais c'est particulièrement par la création et la direction de l'Orphelinat de la Seine, et ensuite par l'impulsion qu'il donna à la Ligue de la moralité publique que Gaufrès a marqué sa place parmi les philanthropes de notre temps.

Voici comment, en 1905[1], le successeur de

---

1. Voyez le Bulletin de *la Société de l'Orphelinat de la Seine*, 1905.

Gaufrès à la présidence de la Société de l'Orphelinat, M. le Dr Albert Mathieu, exposait les origines de cette institution charitable et la part que Gaufrès y avait prise.

« L'Orphelinat, disait-il, a été fondé pendant le premier siège de Paris. A ce moment, sous l'influence de la misère très grande et de la famine qui régnaient dans Paris, la mortalité était devenue beaucoup plus considérable, et un grand nombre de malheureux enfants restaient abandonnés, innocentes victimes soit de la guerre étrangère, soit de la guerre civile, orphelins ou demi-orphelins, ce qui est presque équivalent dans les familles peu fortunées. Une poignée d'hommes généreux, à la tête desquels se trouvaient M. Gaufrès et M. Ferdinand Buisson,— qui est actuellement, je crois, le seul survivant des fondateurs de l'œuvre, — profondément émus de cette situation particulièrement touchante, se réunirent, et, sans fonds, sans avances, en demandant simplement quelques secours autour d'eux, ils arrivèrent à recueillir une centaine d'enfants. Ils les logeaient dans des locaux mis à leur disposition par la mairie des Batignolles.

Mais, après le second siège de Paris, la munipalité nouvelle ne crut pouvoir conserver ces enfants; il a donc fallu liquider, renvoyer à leurs familles ceux tout au moins qui avaient encore une partie de la leur. Une vingtaine restaient, qui n'avaient plus de parents. Alors il s'est produit ceci, qui est tout le contraire de ce qui se produit habituellement : en général, quand on veut fonder une œuvre semblable à la nôtre, on commence par constituer un bureau avec président, vice-président, secrétaire général et tout ce qui s'ensuit; et l'on cherche tout d'abord à recueillir des fonds destinés à secourir les personnes auxquelles on veut venir en aide. Là, ce fut le contraire; les orphelins se sont trouvés rassemblés avant que l'Orphelinat existât. Il a fallu fonder un Orphelinat parce qu'on avait des orphelins dont on ne savait plus que faire. Il faut dire qu'on a trouvé des secours en quantité considérable.,. Tel fut le début de l'établissement considérable que l'Orphelinat de la Seine est devenu depuis.

» M. Gaufrès a donc été un de ses fondateurs ; il en a été trésorier de 1871 à 1884, président de 1884 à 1902. En 1902, au mois d'octobre, l'état de sa santé le forçait à donner sa démission. »

Le récit de M. le Dr Mathieu est très exact dans son ensemble : c'est bien au milieu des désastres de 1870 et 1871 que Gaufrès conçut la première idée de l'œuvre et qu'il la mit immédiatement à exécution[1]. Mais d'après les renseignements que nous avons pu recueillir, l'importance de son rôle fut encore plus grande qu'il n'apparaît dans la relation que nous venons de citer. Les débuts furent des plus humbles. Gaufrès commença par recueillir chez lui trois orphelins, fils de fédérés fusillés, et qui étaient restés sans famille et sans ressources. Il les faisait coucher dans sa propre chambre; il leur fournissait le

---

1. La Société de l'Orphelinat fut présidée pendant les treize premières années de son existence par Henri Martin, qui en définissait le caractère en ces termes : « Notre principe est de faire appel à tous, de recevoir tous les enfants qui sont orphelins, soit par l'abandon, soit par la mort des parents.... » Victor Hugo, Sadi-Carnot, le général Faidherbe, ont prêté leur concours à l'Orphelinat. Depuis sa fondation, il a reçu 736 enfants des deux sexes, et le Dr Mathieu affirme que « presque sans exception tous ont réussi ».

nécessaire; il assurait leur vie matérielle, sans négliger de les instruire, de les former moralement. Comment ne pas rapprocher ce bel exemple de charité active de celui qu'avait donné Pestalozzi, quand il élevait, au prix de tant de sacrifices, les petits mendiants de Neuhof ou les orphelins de Stanz ?...

Mais ce n'était là qu'un commencement. La charité ne s'arrête pas en chemin : elle trouve sans cesse de nouvelles misères à soulager. En outre elle est contagieuse : il suffit souvent qu'un homme de cœur donne l'élan pour que d'autres le suivent. C'est ce qui arriva à Gaufrès. D'une part, des coopérateurs lui vinrent en aide, pour constituer un comité, dont il fut le président. D'autre part, il n'y avait pas que trois orphelins à secourir : le nombre des assistés augmenta. On les plaça alors par groupes dans différents quartiers de Paris. Mais ce procédé laissait à désirer, ne fût-ce qu'à cause des difficultés de la surveillance. Grâce à l'accroissement de ses ressources, le comité de l'Orphelinat put avoir sa maison à lui : on acheta des terrains et un immeuble à la Varenne Saint-Maur [1]. Malgré l'éloignement, Gaufrès continua son œuvre d'éducation auprès de ces enfants infortunés, qui non seulement durent à son aide un abri et leur subsistance, mais qui reçurent de lui aussi leur nourriture morale.

L'Orphelinat de la Seine a été l'œuvre de prédilection de Gaufrès : c'est celle qui plus qu'aucune autre honorera sa mémoire et maintiendra le souvenir de son nom. Il en fut l'âme pendant de longues années, après en avoir été le fondateur confiant et généreux.

Il se rendait à la Varenne, un dimanche sur deux, visitant l'asile, et apportant aux maîtres ses conseils, aux élèves ses leçons. L'autre dimanche, il recevait chez lui à Paris les anciens élèves qui avaient trouvé un emploi, et auxquels il continuait sa protection. C'est grâce à son intervention que le Conseil municipal de Paris accorda à l'Orphelinat de la Seine trente bourses de cinq

1. C'est en 1887 que les pupilles de l'Orphelinat, jusque-là répartis en plusieurs garderies, ont été groupés dans la grande propriété acquise à Saint-Maur. Ils y suivent les écoles publiques jusqu'à l'époque de l'apprentissage.

cents francs chacune, de façon à entretenir trente enfants. Au bout de quelques années, comme on avait en lui une entière confiance, les bourses furent remplacées par une subvention globale de 15.000 francs. Malheureusement en 1901, Gaufrès n'était plus là, et le Conseil municipal crut bien faire en retranchant 10.000 fr. de cette subvention annuelle, et on supprimait ainsi les bourses de vingt enfants. Ces vingt enfants, la Société put cependant les conserver, avec les ressources que lui fournirent quelques dons généreux. Ajoutons que Mme Gaufrès, fidèle continuatrice de l'œuvre de son mari, a fait parvenir à la Société [1], en 1905, une somme de 5.000 francs. L'œuvre survivra donc à l'ouvrier, et l'on peut dire que du fond de la tombe Gaufrès la protège encore.

La *Ligue française* pour le relèvement de la moralité publique est l'œuvre à laquelle Gaufrès a voué, dans les dernières années de sa vie,

---

1. Le titre exact de la Société est celui-ci : *Société de l'Orphelinat de la Seine pour l'assistance et l'apprentissage des orphelins et des enfants abandonnés.* Elle a été reconnue d'utilité publique le 20 janvier 1879. Son siège social est à Paris, rue Saint-Lazare, 28.

la plus grande part de son activité[1]. Lorsque cette Ligue, ébauchée dès 1876, se constitua définitivement en 1883, sous la présidence de M. Fallot, Gaufrès en devint le secrétaire général[2]. Après la retraite de M. Fallot, il lui

---

1. Gaufrès avait adhéré dès la première heure à l'œuvre poursuivie par la Ligue ; mais, s'il en suivait avec sympathie les entreprises, ses occupations municipales l'empêchaient de lui apporter une aide effective et directe, et ce fut seulement en 1893 qu'il se donna à elle tout entier.

La *Ligue de la moralité publique* n'avait eu en vue à l'origine que l'abolition de la prostitution réglementée, et, pour y parvenir, son fondateur, M. Fallot, avait pensé que le mieux était de créer un mouvement d'opinion, favorable à l'élargissement des droits civils de la femme. Mais, en 1886, la Ligue étendit son programme d'action, et dans une belle déclaration de principes, à laquelle Gaufrès donna son entière adhésion, elle disait entre autres choses : «Persuadée qu'une démocratie ne saurait prospérer sans un haut idéal de moralité, elle souhaite de réunir dans un même effort tous les hommes et toutes les femmes qui haïssent le mal, qui aiment le bien.... Une coalition des consciences peut seule prévenir le danger dont nous menacent l'affaissement des caractères et la corruption des mœurs. »

2. Le pasteur Tommy Fallot a laissé la réputation méritée d'un homme de bien. Il n'est pas oublié, puisque ces jours-ci encore M. Paul Doumergue parlait de lui, aux conférences de *Foi et Vie*, en le présentant à ses auditeurs comme le type du « chrétien moderne ». Fils d'un grand industriel, élevé dans un village des Vosges où est encore vivante l'influence religieuse d'Oberlin, il était entré dans l'Église libre, et prêchait dans le temple de la rue du Petit-Hôtel. C'est en la compagnie de M. Yves Guyot qu'il entreprit sa campagne abolitionniste. Il usa ses forces et sa santé dans le labeur incessant de sa vie de prédication et de propagande, et en 1893, il dut abandonner la

succéda comme président, et, avec l'aide de son vaillant compagnon d'armes, le nouveau secrétaire général, M. Louis Comte, organisant avec lui des tournées de conférences, multipliant ses articles dans le *Relèvement social*, il redoubla d'efforts dans sa campagne contre l'immoralité.

Lorsque M. Fallot était venu, en 1883, demander à Gaufrès de le seconder dans son œuvre en acceptant les fonctions de secrétaire général de la Ligue, celui-ci avait d'abord hésité, nous raconte M. L. Comte. « Il avait dépassé la soixantaine. Il avait donné une somme énorme de travail ; il pouvait légitimement aspirer au repos…. Mais quand il eut compris qu'à la tête de la Ligue il pouvait rendre quelques services à son pays, il n'hésita plus ; il se jeta de nouveau dans la mêlée, et prenant la plume, il écrivit dans *le Relèvement social* des articles où il s'attachait à montrer avant tout comment la démo-

---

direction de la Ligue de la moralité publique, heureux au moins d'y avoir pour successeur un homme tel que Gaufrès. Il est mort en 1904, après avoir accepté, sur la fin de sa vie, d'occuper le ministère sacré dans une paroisse de la Drôme.

cratie française n'avait qu'à remonter à ses origines, pour découvrir en elle des vertus dont la culture devait amener son plein épanouissement. »

C'est en particulier la corruption de la jeunesse par la presse pornographique qui préoccupait Gaufrès. Pour lutter contre elle avec quelque espoir de succès, il s'ingéniait à trouver sans cesse de nouveaux moyens d'action. On organisait dans différentes villes, à Lyon notamment, des comités affiliés à la Ligue. On lançait une pétition contre la pornographie, et on enregistrait avec satisfaction qu'en peu de temps elle avait réuni trois cent mille signatures. Partout où une initiative était prise, un effort tenté, pour résister aux dangers de la rue, aux exhibitions malsaines, aux affichages corrupteurs, Gaufrès s'empressait de les signaler. C'est ainsi qu'en 1903, il rendait hommage au directeur de l'École Turgot, son excellent ami, M. Boitel. Celui-ci, s'étant mis en tête d'obtenir de ses huit cents élèves la meilleure conduite possible, avait convoqué à l'école les parents des élèves dans une réunion collective, afin de leur faire comprendre qu'il avait besoin de leur coopération, pour bien des objets, et en particulier pour défendre les enfants contre la tentation, à laquelle ils n'étaient que trop exposés, de regarder aux devantures des magasins ou des kiosques, et même d'acheter, des journaux légers et des images licencieuses.

Gaufrès citait l'exemple des pays étrangers qui se défendent mieux que le nôtre contre les publications immorales. « Contre ce fléau, les peuples se défendent par des lois; mais, observées chez quelques-uns d'entre eux, ces lois ne le sont pas chez les autres. En Angleterre, en Belgique, en Allemagne, en Suisse, aux États-Unis, il se trouve des ministres ou des associations de citoyens pour y tenir la main. En Angleterre, par exemple, la *Société nationale de vigilance* a empêché la distribution de prospectus obscènes à domicile et l'annonce de spectacles immoraux. Elle a fait interdire la traduction d'un des plus mauvais romans de Zola, et condamner définitivement l'éditeur. En Belgique, un ministre des chemins de fer et des postes, Van den Peereboom, a refusé de laisser transporter six journaux français connus pour leur licence. Le rédacteur d'un de ces journaux, le *Supplément de la Lanterne*, intenta à l'administration belge un procès qu'il perdit devant le tribunal et en appel. La Chambre des Représentants approuva son ministre. Des mesures pareilles sont prises avec succès en Suisse contre l'infiltration de nos journaux licencieux. Dans d'autres pays encore, les lois sont justes et claires, mais on oublie de les appliquer. Telle la France.... »

Gaufrès faisait allusion ici à la loi du 18 mars 1898, estimant que, si elle était appliquée, elle suffirait presque à protéger notre pays contre la presse obcène[1]. Il regrettait que, malgré des pétitionnements plusieurs

---

1. Et aussi à la loi du 2 août 1862. Une loi plus récente, et que Gaufrès n'a pas connue, est la loi du 7 avril 1908. Les différents actes que visent ces lois, — vente, exposition, affichage, distribution de dessins, gravures, emblèmes, objets ou images obscènes ou contraires aux bonnes mœurs, etc., sont punis d'un mois à deux ans de prison et de 100 à 1.000 francs d'amende, avec privation des droits politiques pendant cinq ans, si la peine dépasse six jours de prison ; enfin la peine est doublée si le délit est commis envers des mineurs. Voyez l'ouvrage récent de M. René Lavollée : *Les Fléaux nationaux*, Ch. II, *La pornographie*.

fois répétés et que le Parlement avait accueillis, la justice se montrât trop lente à s'émouvoir. « Ce n'est que depuis peu de temps, disait-il, que les tribunaux se montrent méthodiquement sévères. »

Gaufrès les engageait à persévérer. Mais ce n'est pourtant pas sur les prescriptions légales, sur les mesures administratives et judiciaires, que Gaufrès comptait surtout pour enrayer le mal. Les lois sont insuffisantes, inefficaces, si les mœurs ne leur viennent pas en aide, et les bonnes mœurs ne s'établissent que par l'effort des volontés individuelles. C'est ce que Gaufrès disait avec force dans un article du *Relèvement social*, qui fut reproduit par des journaux suisses. Nous le citerons presque en entier, parce qu'il caractérise nettement l'esprit de son auteur et le but poursuivi par la *Ligue de la moralité publique;* et aussi parce que, écrit en mars 1904, il nous apparaît comme le testament de la pensée sociale de. Gaufrès[1].

« Nous ne valons, et la société dont nous

---

1. Voyez le journal l'*Abstinence,* de Lausanne, numéro du 12 mars 1904.

faisons partie ne vaut que par la nature de nos sentiments et les décisions de notre volonté...

» Alcoolisme, débauche, pornographie, dislocation de la famille par l'adultère et les autres vices, enfants délaissés, jeux de hasard et jeux barbares, légèreté dans les décisions de la vie privée et publique, lutte violente des intérêts, voilà ce qui donne notre mesure et ce que nous trouvons partout : à New-York, à Berlin, à Rome, à Varsovie comme à Paris. Partout l'homme sans boussole et sans force intérieure s'abandonne à la passion qui l'entraîne.

» Ces vices s'expient. Une implacable Némésis, qui ne recule ni devant les mérites passés, ni devant les hauts principes, en fait les messagers, puis les agents de la décadence. Si des nations aussi dignes de vivre que la noble Grèce, ou la puissante Rome, ont succombé à cette puissance de destruction, il n'y a nul motif de penser que nous serons épargnés, si nous nous engageons définitivement dans la voie fatale; si nous n'entreprenons et ne menons à bonne fin la lutte contre le fléau qui nous dévore. Nos sociétés de moralité publique, qui se retrouvent partout où le mal se développe, ont compris et signalé le devoir de lui résister. Elles donnent l'exemple et sonnent la charge, mais qu'elles sont faibles contre un si terrible ennemi! Chez nous, elles ne sont encore qu'un avertissement, un appel à l'opinion, et c'est dans la mesure où cet appel sera entendu, où la société, en général, suivra l'élite morale qui lui crie : Casse-cou! c'est dans cette mesure seulement que l'espoir pourra nous rester d'échapper à la décadence et à la ruine.

» Non, le mal n'est pas désespéré; il n'est que grave, tragique, terrible. Mais il est une force qui l'emporte sur la sienne : la force morale qui, tant de fois, par ses réveils soudains et puissants, a renouvelé le monde. Seulement, cette force morale n'agit pas par elle-même : elle n'a d'agent que la volonté de l'homme. Elle n'existe en quelque sorte que dans son rapport avec notre conscience ; mais elle est à la disposition de ceux qui la recherchent, qui veulent être les instruments de son action salutaire. Chacun de nous peut se raidir contre la pression qui nous pousse vers l'abîme, devenir l'une de ces forces vitales qui résistent à la mort, travailler seul, ou avec les autres, à l'œuvre d'assainissement et de réparation. Un peuple renaît quand ceux qui le composent renaissent personnellement eux-mêmes, et les nations ne vieillissent que lors-qu'elles s'abandonnent et consentent à se laisser vieillir. Il y a au fond d'elles-mêmes une fontaine de Jouvence. C'est notre devoir de le dire et de le montrer. Notre œuvre, ainsi entendue, n'est-elle pas grandiose et passionnante ? ...»

CHAPITRE VIII

CONCLUSION

Dernières années de Gaufrès. — Sa vieillesse alerte
et active. — Les sources de sa force morale. — Sa vie
de famille. — Quelques traits de son caractère. —
Bonne humeur. — Bonté et loyauté. — Ses autres qualités. — Sa foi religieuse. — Témoignages de ses amis
et de ses anciens élèves. — M. Raoul Bompard. —
M. Élie Pécaut. — M. Louis Roche. — M. Gaston Rabaud. — M. Frank Puaux. — Ce qu'on pensait de lui
à la *Société de l'histoire du protestantisme français*. —
Il a été un esprit pratique. — Il ne se préoccupait pas
uniquement du relèvement moral de son pays. — Il
ne souhaitait pas moins ardemment sa prospérité matérielle.

Gaufrès est mort le 22 août 1904, à Turin,
où habite une de ses filles[1]. La mort vint le
surprendre, alors qu'on pouvait garder l'espoir qu'il prolongerait longtemps encore sa
belle vieillesse. Malgré ses soixante-dix-sept

---

1. Gaufrès allait tous les ans à Turin visiter sa seconde fille,
Mme Meille.

ans, il était plein de vie et de force, et l'on peut dire qu'il est entré debout dans la tombe. Il s'éteignit doucement sans souffrance. Sa mort fut le dénouement paisible d'une belle vie.

Sans doute, dans ses dernières années, il n'avait pas échappé complètement aux atteintes de l'âge. Il avait quitté Paris et passait ses hivers dans le midi de la France[1]. Mais la volonté tenace de travailler encore, de travailler toujours, pour le bien public, le soutenait et le réconfortait, non moins que le doux climat de Nice. Le travail intellectuel n'est-il pas le meilleur spécifique contre l'envahissement de la vieillesse, une des plus sûres garanties de longévité? Gaufrès a travaillé jusqu'au bout, constamment sur la brèche, alerte et joyeusement actif. Il a collaboré au *Signal*, au *Relèvement social*, jusque dans les derniers mois de sa vie ; et, dans les articles qu'il envoyait à ces journaux, on ne pouvait

---

1. C'est en 1903 que Gaufrès renonça à son domicile parisien, rue Lemercier, 55. Mais, dès 1901, il annonçait à ses collègues de la société de l'*Histoire du protestantisme français*, qu'à son grand regret il ne pourrait pas plus que l'hiver précédent assister aux séances, étant contraint de passer cette saison dans le Midi.

relever aucune trace d'affaiblissement d'esprit, aucune diminution de l'ardeur qu'il mettait à défendre les bonnes causes, à réchauffer les forces vives de son pays et à combattre les influences malfaisantes.

Ce qui le soutenait aussi, c'était le sentiment d'avoir bien employé son existence, tout entière remplie de bonnes actions et de services rendus à la société, dans l'effort d'un esprit obstinément tendu vers le bien, et dans la paix d'une conscience qui n'avait rien à se reprocher.

Il trouvait enfin un réconfort dans la joie de vivre au sein d'une famille unie, aimante et aimée, entouré de ses filles, de ses petits-enfants, qui le chérissaient autant qu'ils le respectaient. Dans ce cercle de famille, Gaufrès apparaissait comme un bon patriarche, dont les avis étaient écoutés comme des oracles. Il donnait aux siens, en affection et en bons offices, tout ce que la vie active et extérieure ne lui prenait pas. Il a été l'homme du foyer autant que l'homme de la cité. On peut lui appliquer ce qu'il disait de Calvin, quand il écrivait que « l'austérité de son âme était tempérée par de douces aspirations ». Et quoiqu'il ait été cruellement éprouvé par les deuils domestiques qui affligèrent ses derniers jours[1], c'est dans le bonheur des siens qu'il a trouvé son propre bonheur et la meilleure récompense de ses vertus.

L'homme privé, en Gaufrès, valait l'homme public. Ceux qui ne pénétraient pas dans son intimité, qui ne connaissaient de lui que sa physionomie énergique, son abord un peu réservé, son langage net et vigoureux, ne pouvaient soupçonner quels trésors de bonté se cachaient sous ces apparences graves et même sévères : il ne se révélait tout entier qu'à ses amis et aux membres de sa famille. Ses amis savent quel cordial accueil, quelle chaleureuse poignée de main, quelles encourageantes paroles il leur réservait, quand ils venaient lui demander un conseil, un service. Sa famille disait qu'elle ne lui connaissait aucun défaut, sauf celui de ne pas savoir se reposer.

---

1. Par tant de points heureuse la vie de famille de Gaufrès fut attristée par la mort de ses deux gendres, M. Meille et M. Noyer. Et pendant que nous écrivons ces lignes nous apprenons avec tristesse que Mme Noyer, sa fille aînée, vient de succomber à son tour, à 52 ans.

A ne le voir qu'en passant, Gaufrès pouvait paraître triste et d'un caractère froid. Ce n'était qu'une apparence : car, dans sa robuste nature, il y avait un fond de bonne humeur presque joviale. Si, en racontant la vie et l'œuvre de Félix Pécaut, nous avons pu dire de celui-ci que sa gaîté ne dépassait jamais le sourire, celle de son ami Gaufrès allait volontiers jusqu'au rire : rire ironique quelquefois, mais le plus souvent rire bon enfant et sans malice. Sa bonne humeur était celle d'un homme dont la conscience est tranquille, et qui, malgré les tristesses des temps présents, quelque profondément ressenties qu'elles soient, trouve dans le sentiment des services qu'il rend, dans la satisfaction du devoir régulièrement accompli, le secret de je ne sais quelle vitalité joyeuse.

Voici, sur ce point, le témoignage que lui rendait M. le Dr Albert Mathieu, son successeur à la présidence de l'Orphelinat de la Seine :

« M. Gaufrès avait une âme d'apôtre, et on peut dire que sa vie a été un long apostolat ; et cependant il avait l'austérité souriante. C'était un homme aussi bienveillant que bon. Il était d'une égalité d'humeur parfaite. Ses amis ne se rappellent pas lui avoir vu jamais un mouvement d'humeur, si ce n'est contre ses ennemis personnels, je veux dire la pornographie, la licence des rues, les jeux cruels et démoralisateurs, l'alcoolisation systématique du peuple. »

C'est de la même façon que quelqu'un qui l'a vu de près, M. Louis Comte, appréciait l'humeur de Gaufrès. « Gaufrès faisait aimer le bien par sa nature enjouée. Il montrait par son exemple que la fidélité au devoir procure la joie. Il avait sur les lèvres et dans toute sa physionomie un si bon sourire, il était si heureux quand il entendait un bon mot, ses yeux pétillaient d'une si douce malice quand il lui arrivait de lancer une pointe, jamais méchante, qu'en sa présence on se sentait en face d'un homme d'une parfaite santé morale et d'une bienveillance exquise, qui au lieu de jeter l'anathème préférait tendre la main pour relever.... Il n'avait rien de cette austérité hargneuse et morne qui rend chez certaines personnes la vertu presque rebutante.... »

On sait avec quelle sévérité Gaufrès jugeait parfois les défauts de ses compatriotes : mais il aimait aussi à faire valoir les beaux côtés du caractère français. « La bonté et la loyauté » en étaient, à ses yeux, les traits distinctifs ; et ces deux qualités nationales, dont il faisait honneur à notre race, il les possédait lui-même à un très haut degré. Il y en ajoutait d'autres, toutes personnelles et trop rares : une fermeté et une ténacité de volonté, qui lui dictait son admiration pour le Président Roosevelt, celui qu'il appelait « un professeur d'énergie », — et lui-même il méritait bien ce titre ; — une réelle indépendance de caractère qui ne consentait à s'assujettir ni aux gens ni aux choses, et qui lui faisait répéter après Montaigne : « Tiens-toi à toi » ; — un courage qui le poussait à dire bien haut tout ce qu'il croyait vrai au risque de se compromettre, et à agir conformément, non à ses intérêts, mais à ses croyances. Et avec cela, une modestie réelle, qui plus d'une fois a fait contraste avec la hardiesse de ses discours et de ses déclarations ; car il aimait à s'effacer, et ce n'est point sa personne, mais ses idées et ses convictions, qu'il mettait en avant. Autre contraste : il était certainement d'un tempérament ardent, opiniâtre, et parfois entêté : mais intraitable sur les idées, en revanche, dans ses relations amicales et familiales il se montrait doux et débonnaire ; et comme il le disait lui-même, « il n'avait rien d'un esprit chagrin, ni enclin à l'opposition ».

Un ancien élève de Gaufrès a écrit de lui qu'aux vertus des vieux huguenots il alliait les vertus de l'homme moderne. En effet, nous l'avons vu, il a été un citoyen actif, se mêlant à toutes les œuvres d'assistance, de solidarité, dont s'honore de nos jours l'esprit de fraternité sociale. Mais on n'aurait point la clef de son caractère et de son infatigable activité, si l'on ne tenait pas compte de sa foi religieuse, et si derrière l'honnête homme, ne se découvrait en lui le chrétien. M. Paul Gaufrès nous l'atteste en ces termes : « Mon frère a toujours été un croyant, même un mystique ; et quand il a délaissé des formules surannées à ses yeux, il n'a pourtant rien perdu de sa piété et de la vivacité de ses sentiments chrétiens ». C'est dans ses sentiments religieux que Gaufrès a puisé la force nécessaire pour livrer le bon combat, sans jamais se lasser, ni se décourager. Certes, il sentait bien parfois la vanité de ses efforts; il savait qu'un seul homme ne suffit pas pour sauver la cité. Que peuvent quelques résistances individuelles contre les courants qui entraînent les multitudes? Mais il savait aussi, selon le mot de Pasteur, que « nul effort n'est perdu ».

Dans une époque troublée, que tant de passions dévorent, — et dont il disait avec amertume : « Hors les plaisirs et les affaires, de quoi s'occupe-t-on chez nous ? » — il a vécu simple dans ses goûts, modeste et modéré, ne poursuivant pas les honneurs, et les acceptant sans vaine gloriole quand ils venaient le chercher[1]; réfractaire à toute passion de parti; alliant à des convictions ardentes un esprit de prudence et de tolérance; plus préoccupé de faire du bien que de faire du bruit: un brave homme enfin et un homme

---

1. Gaufrès a été nommé chevalier de la Légion d'honneur en 1880, et promu officier en 1900.

brave, un bon citoyen, et, pour tout dire d'un mot, un sage[1].

***

L'on ne saurait mieux faire, pour rendre à la mémoire de Gaufrès l'hommage dont elle est digne, que de rappeler les témoignages de douleur qui parvinrent de tous côtés à sa famille, lorsque sa mort fut connue. Le *Relèvement social* parut encadré de deuil. Les anciens élèves, les amis, les collaborateurs, prodiguèrent à la veuve éplorée les marques les plus vives de sympathie et d'affection. Rien ne saurait remplacer, pour bien com-

---

1. Voici en quels termes encore M. Louis Comte, dans une lettre familière, nous parlait récemment de son ami : «Gaufrès a toujours été un éducateur. Il pensait que le salut était en nous, qu'il fallait des mœurs irréprochables, des hommes droits, intègres, pour avoir des lois justes et fraternelles. Et il voyait dans la famille le creuset où s'élaboraient toutes les vertus indispensables à la prospérité de la démocratie... Ce qu'il est difficile d'exprimer, c'est la joie que Gaufrès éprouvait chaque fois qu'il voyait un progrès quelconque se réaliser. Nul n'était moins personnel que lui. Il n'avait que le souci du bien. Je ne lui ai jamais connu le moindre sentiment d'envie ou de jalousie. Jamais je n'ai découvert dans cette merveilleuse nature morale une petitesse, une mesquinerie. Il y a des génies littéraires, des génies poétiques ou philosophiques : Gaufrès fut un génie moral, un saint laïque.... »

prendre quelle était la valeur de l'homme qui venait de disparaître, ces lettres intimes, où son éloge est présenté, sous des formes diverses et en termes touchants, par ceux qui l'avaient le mieux connu [1]. Nous ne les avons pas lues sans émotion, et nous en extrairons quelques passages, qui confirmeront tout ce que nous avons dit nous-même à la louange du héros de ce livre.

Voici d'abord ce qu'écrivait un témoin de sa vie, un de ceux qui seuls pouvaient connaître les secrets de sa charité privée, aussi large que discrète [2] : « La perte de M. Gaufrès sera cruellement ressentie par les malheureux de tout ordre, nécessiteux, malades et orphelins. L'amélioration de leur sort était la préoccupation dominante de sa belle intelligence. Que d'argent et d'efforts il aura consacrés à la poursuite de ce but !.. »

Personne n'a été plus à même de juger Gaufrès comme homme public que M. Raoul

---

1. Ces lettres nous ont été communiquées par la famille de Gaufrès. Nous la remercions de les avoir mises à notre disposition, et aussi de nous avoir autorisé à en publier quelques extraits.

2. M. Pirat.

Bompard, son ancien collègue du Conseil municipal, élu comme lui par le xviie arrondissement, et qui, travaillant en sa compagnie, l'avait pris en estime et en affection. Au lendemain de sa mort, il écrivait à Mme Gaufrès : « Nous avions été réunis par la solidarité des intérêts que nous étions chargés de défendre, par le lien d'un grand nombre d'amitiés communes, par la similitude des aspirations politiques et sociales. Il n'est personne pour qui j'ai ressenti une plus respectueuse et plus ardente sympathie. »

Nous avons souvent rapproché l'un de l'autre, au cours de cette étude, Gaufrès et Félix Pécaut. C'étaient des âmes sœurs ; et, à défaut de Pécaut lui-même, qui l'avait précédé dans la mort, c'est son fils, le Dr Élie Pécaut, qui l'atteste dans ces lignes émues :

« Aujourd'hui seulement je puis soulager mon cœur, en vous envoyant l'expression de ma grande et profonde émotion. Avec M. Gaufrès disparaît tout un large morceau de ma vie, tout ce premier début, qui fut plein pour moi des plus fortes impressions. Celui qui les personnifiait, qui en était le centre, n'est plus ! Il y avait en lui tant de mon père, son souvenir était si indissolublement lié à celui de mon père, leur jeunesse, leur vie, leur âme avaient été si mélangées, qu'en le perdant je perds une seconde fois mon père... C'est nous que je plains ; lui s'en est allé si calme, si plein d'œuvres, si étroitement entouré, — jusqu'au bout, — du bien qu'il ne cessait de faire, si soutenu par son activité bienfaisante... Je pleure l'homme qui, après mon père, à côté de mon père, fut mon plus sûr guide et mon meilleur conseiller... »

Dans ce concert de louanges et de regrets qui a accompagné Gaufrès dans la tombe, il faut distinguer les voix de ses anciens disciples, de ceux qui devaient en partie à ses leçons ce qu'ils sont devenus. C'est un beau portrait que traçait de lui le professeur Louis Roche :

« J'ai vu dans ma vie bien des hommes : je n'en ai vu aucun qui fût meilleur que M. Gaufrès, aucun qui fût plus complètement digne de sympathie et d'admiration. Les esprits remarquables sont souvent froids ou secs; les hommes indulgents sont sceptiques; les hommes convaincus sont étroits. Il avait, lui, avec la bonté, la hauteur de vues, la pénétration, l'énergie tranquille du grand citoyen. Jusqu'au bout il a fait sa tâche, au milieu des douceurs et des deuils de sa vie, laissant à ceux qui le connaissaient ou qui le lisaient, l'exemple du devoir rempli avec un sourire. Que de bonnes choses a-t-il dites, après qu'il les avait faites lui-même! Que de sages conseils modestement donnés avec sa fière, et engageante, et séduisante bonhomie! Et quel vivant contraste avec les faux apôtres, avec la fadeur de ces charlatans! Je l'admirais de tout le mépris que j'ai pour les autres : mais je l'aimais aussi pour tout ce que je lui dois... Je revois souvent en pensée la bonne hospitalière maison de Duplessis-Mornay, et ce cabinet de travail où j'entrais chaque dimanche matin, accueilli par un bonjour dont l'accent cordial résonne en moi très doucement... »

Professeur comme M. Roche dans un lycée de Paris, M. Gaston Rabaud adressait les mêmes louanges à son ancien maître, rappelant bien haut quelle action profonde le directeur de Duplessis-Mornay avait exercée sur ses études :

« Je m'étais attaché à lui, depuis les années de jeunesse où j'avais eu l'heureuse fortune d'étre placé sous sa direction. J'évoque avec un souvenir très net et des sentiments d'affectueuse reconnaissance ces matinées où, avant de nous conduire au Lycée Condorcet, il réunissait quelques-uns de ses élèves pour traduire avec lui quelque texte grec ou latin [1]. Et je me représente aussi, dans la succession de toutes les heures de la journée, la vie familiale de l'institution, l'influence discrète, mais pénétrante et forte, du chef de la maison, et son exemple qui était l'enseignement le plus efficace et le plus durable. »

Enfin, — et nous arrêterons là nos citations, — c'est dans les termes les plus élogieux que M. Frank Puaux appréciait dans leur ensemble le caractère et l'œuvre de Gaufrès :

---

[1]. Gaufrès était un humaniste distingué. Jusqu'à la fin de sa vie il s'est nourri de la lecture des auteurs anciens. M. Paul Gaufrès nous raconte qu'un an avant sa mort, après qu'ils avaient parcouru ensemble la traduction d'Eschyle de Leconte de Lisle, son frère s'était diverti à lire dans le texte les odes de Pindare.

« J'apprends la douloureuse nouvelle de la mort de ce grand homme de bien... Quelle noble figure que la sienne, et qui pouvait l'approcher sans éprouver des sentiments d'affectueux respect? Avec quel zèle intelligent il a suivi, encouragé, défendu les œuvres du relèvement social. Il était un homme de son temps, qui comprenait à merveille les besoins des générations nouvelles, esprit libre et si profondément religieux. C'est un chêne vénérable qui tombe dans la forêt... »

Ce ne sont pas seulement les amis qui, dans des lettres intimes, témoignèrent des regrets profonds que leur causait la mort de Gaufrès. Les journaux lui consacrèrent maints articles élogieux. *Le Temps* disait : « Gaufrès était une noble nature dont la vie fut noblement remplie. » *Le Relèvement social,* par la plume de M. L. Comte, saluait en lui « une des plus belles manifestations de la conscience moderne, une sorte de personnification du devoir ». *Le Signal* le célébrait comme « un bon citoyen », *la Vie nouvelle, le Protestant, le Christianisme, les Annales antialcooliques,* d'autres encore, louaient en lui la fermeté d'une « con-

science huguenote », l'esprit élevé d' « un pédagogue moderne », et par-dessus tout la persévérance, la vaillance d'un apôtre du bien.

*
* *

Que pourrait-on ajouter à de tels témoignages ? Après avoir lu tout ce que Gaufrès
a écrit, après nous être rendu compte de tout
ce qu'il a fait, nous ne pouvons que nous
associer à ces paroles sincères, où l'amitié et la
reconnaissance s'accordaient pour exprimer
les regrets causés par la disparition d'un tel
homme. Et de même, l'ayant approché nous-
même plus d'une fois, nous redirons volontiers de lui, après son frère M. Paul Gaufrès :
« Sa noblesse d'âme rayonnait à travers sa
physionomie. »

Partout où il est passé, il a laissé un bon
renom et des souvenirs durables. A la *Société
de l'histoire du protestantisme français*, dont il
faisait partie depuis 1864, il ne comptait
que des amis, témoins de son assiduité aux
séances, et auditeurs attentifs des lectures

qu'il y faisait sur des sujets divers[1]. Le président de la Société, M. de Schikler, dans l'article nécrologique qu'il lui consacra disait : « On peut affirmer sans exagération que le dévouement aux œuvres de lumière et de progrès a été le trait dominant du caractère de M. Gaufrès... Ses collègues n'oublieront, ni le charme de son commerce, ni la sûreté de ses jugements, ni l'élévation et la sérénité de son esprit. » Et ailleurs M. de Schikler écrivait encore : « Il a été le champion de toutes les causes qui élèvent l'humanité, l'adversaire résolu de celles qui la corrompent[2]... »

Tel apparaissait Gaufrès aux regards sym-

---

1. Gaufrès n'a fait partie du comité de la Société que depuis 1864 ; mais longtemps auparavant il s'était intéressé à ses travaux et y participait. Dès 1854, le *Bulletin* de la Société publiait un article de lui sur le *Caractère protestant* au *XVIe siècle*. Nombreuses sont les études qu'il a données à ce périodique : signalons des articles sur les *Lettres de Calvin*, sur les *Femmes de la Réforme*, sur l'*Histoire de Fléchier* (de l'abbé Delacroix), les *Forçats pour la foi* (d'Athanase Coquerel fils), etc. Plus tard Gaufrès communiqua par extraits à la Société ses travaux sur Philippe Mornay de Bauves, sur Baduel, sur Horace Mann. On trouvera la liste de ces articles dans le Tome 40 du *Bulletin*, p. 271 et 272.

2. Voyez le *Bulletin de la Société de l'histoire du protestantisme français*, 1904, T. 53 et 54, p. 498, 296.

pathiques de ses coreligionnaires et de ses amis. Tel il nous apparaît à nous-même. Il a été, dans toute la force du terme, un homme de bien. Il a pris la vie au sérieux. Il a placé très haut l'idéal de l'humanité, et, s'il n'a pas réussi à entraîner à sa suite autant de bonnes volontés qu'il l'eût souhaité, il en a du moins suscité quelques-unes. En tout cas, il a réalisé pour lui-même l'idéal de vertu et de bonté qu'il proposait aux autres. Faire peu de bruit, mais faire beaucoup de bien, ce fut sa devise. Pas d'œuvres retentissantes, mais un long labeur continu, poursuivi sans défaillance pendant toute une vie, avec une opiniâtreté qui rappelle celle de Jules Ferry. Les Cévennes, comme les Vosges, ont des fils d'un caractère robuste et tenace. Si, comme le disait Gaufrès « dans leurs convictions religieuses, catholiques, albigeois, camisards, n'ont pas le don de rire de ce qui leur paraît sacré », il a prouvé lui-même qu'ils pouvaient apporter la même rigueur inflexible dans leurs croyances morales.

Notons enfin un dernier trait : c'est que Gaufrès ne s'est jamais laissé absorber tout entier par l'unique souci du relèvement moral. Esprit pratique, il aspirait encore au relèvement économique, à la prospérité matérielle de son pays. Et c'est à ce point de vue aussi qu'il recommandait à ses élèves de fortifier en eux les qualités viriles et les vertus de caractère.

« Une jeunesse hardie et persévérante rendrait à la France sa puissance industrielle et commerciale : elle l'aurait bientôt remise en état de figurer avec honneur sur ce champ de bataille des affaires internationales, où nous avons des rivaux et trop souvent des vainqueurs. Ce devoir envers la France est au premier chef un devoir social : ne l'oubliez jamais. »

Ce qui survivra de l'œuvre de Gaufrès, ce sont moins les livres qu'il a composés, quelle qu'en soit la valeur, que les hommes qu'il a élevés, et dont il a éclairé ou fortifié la conscience. Ce ne sont pas d'ailleurs les élèves seuls de Duplessis-Mornay ou de l'Orphelinat de la Seine, tous ceux dont il a façonné directement les jeunes esprits en voie de formation, qui ont profité de ses leçons. Nous pourrions citer des hommes d'âge qui, pour l'avoir simplement connu et fréquenté quelquefois, pour avoir conversé avec lui, sont devenus meilleurs. L'un d'entre eux qui a pris rang parmi les plus distingués de nos hommes d'école, me disait : « C'est la parole de Gaufrès, dans mes entretiens avec lui, qui m'a relevé, qui a réveillé ma conscience, qui m'a ouvert les horizons de la vie sociale.... » D'autres, qui ont travaillé avec lui, et qui ne se consolent pas de sa perte, se réconfortent en se rappelant son exemple, en s'inspirant de ses principes ; et, s'il leur arrive d'hésiter, d'avoir un doute sur ce qu'ils doivent faire, ils évoquent son esprit droit et lucide, et ils se disent : « Que ferait Gaufrès à notre place ? »

TABLE DES MATIÈRES

CHAPITRE III

LE PATRIOTE ET LE PROTESTANT LIBÉRAL (1870 et 1872).

CHAPITRE IV

GAUFRÈS AU CONSEIL MUNICIPAL (1884-1893).

CHAPITRE V

GAUFRÈS HISTORIEN DE L'ÉDUCATION

CHAPITRE VI

GAUFRÈS JOURNALISTE

CHAPITRE VII

L'ACTION SOCIALE.

CHAPITRE VIII

Conclusion

Lille, Imp. A. Taffin-Lefort. 09-15